职业院校工学结合一体化课程改革特色教材

O2O 营销与运营实战

主　编　盛淑娟　李锡聪
副主编　张贯虹　刘　敏

北京理工大学出版社
BEIJING INSTITUTE OF TECHNOLOGY PRESS

内 容 简 介

在当今这个科技发展日新月异的时代，传统行业与信息技术的深度融合正以前所未有的速度改变着我们的生活方式和商业模式。外卖行业，作为这一变革过程的重要参与者，不仅直观地展现出互联网技术在餐饮服务业中的广泛应用，更促进了工学一体化理念的深度实践。基于此背景，我们精心策划并编写了这本《O2O营销与运营实战》工学一体化教材。本教材旨在通过跨学科的视角，深入探讨外卖行业的发展脉络、外卖平台的运作机制，以及外卖运营过程中涉及的各类技术与管理策略，为广大学生、餐饮从业者以及有志于探索外卖领域的技术爱好者，提供一份全面、深入，以实践为导向的学习指南。

图书在版编目（CIP）数据

O2O营销与运营实战／盛淑娟，李锡聪主编.

北京：北京理工大学出版社，2025.1.

ISBN 978-7-5763-4811-8

Ⅰ．F713.365.2

中国国家版本馆 CIP 数据核字第 2025P7Q757 号

责任编辑：芈　岚　　　文案编辑：芈　岚
责任校对：刘亚男　　　责任印制：施胜娟

出版发行／北京理工大学出版社有限责任公司

社　　　址／北京市丰台区四合庄路6号

邮　　　编／100070

电　　　话／（010）68914026（教材售后服务热线）
　　　　　　（010）63726648（课件资源服务热线）

网　　　址／http://www.bitpress.com.cn

版印次／2025年1月第1版第1次印刷

印　　　刷／三河市天利华印刷装订有限公司

开　　　本／787 mm×1092 mm　1/16

印　　　张／15.75

字　　　数／350千字

定　　　价／49.00元

　　工学一体化是一种将学习过程和工作过程融为一体的教育理念，旨在培养德技并修、技艺精湛的技能劳动者和能工巧匠。这一理念强调将企业需求融入人才培养的全过程，通过拓展产教融合的培养内容，实现技能人才质量的提升。本教材将企业的典型工作任务转化为具有教学价值的学习任务，通过任务引领将外卖行业的发展、外卖店铺开设、店铺日常管理、数据分析等企业相关岗位的工作内容整合在一起；根据企业提供的实际案例进行项目教学，强调理论与实践的紧密结合，以解决实际问题为目标，让学生在模拟或真实的工作环境中进行学习和操作，提高其动手能力和解决实际问题的能力。

　　本教材包含8个项目，每个项目的开头部分都有项目概述和项目资讯（二维码）；每个项目都通过若干个任务来实施具体教学，以任务引入介绍任务背景，以任务要求明确学习目标；每个任务再通过任务实施、任务拓展、任务评价达成教学目标，并通过相关知识的补充、在此基础上，思考与练习来辅助学生的学习。

　　通过对本教材的学习，学生可以实现以下学习目标：知悉外卖行业的发展历程及趋势，清楚外卖店铺开设的流程和条件，能完成外卖店铺的信息填写及装修，能进行店铺活动的设置，能完成店铺流量的获取、进店的转化及下单的转化，能针对店铺数据进行分析并做出诊断。

　　本教材各项目的教学建议学时如下所示，学校可根据教学实际灵活安排。

项目	内容	学时
项目一	行业认知：了解外卖行业	8
项目二	新手入门：开店第一步	12
项目三	流量获取：店铺展现必经路	16
项目四	进店转化：吸引顾客进店	16
项目五	下单转化：激发下单欲望	16
项目六	复购留存：店铺生存之道	8
项目七	数据分析：店铺问题诊断	16
项目八	盈亏盘点：优化店铺盈利模型	16

　　本教材由浙江公路技师学院盛淑娟和杭州新餐创科技有限公司李锡聪担任主编，承担本教材大纲的编写、全书的统稿和各项目编写的协调等工作；浙江公路技师学院张贯虹和杭州新餐创科技有限公司刘敏担任副主编，负责样章和各项目的审读工作。本教材的各个项目分别由李锡聪和浙江公路技师学院施红雅、盛淑娟、金梦力、庞伊扬、应瑜润、王少美、黄李丹负责编写，杭州新餐创科技有限公司刘旺娣、马天、钱仁群、江远遥、林自强、刘波、方丽进行内容的逻辑连贯性审核和图片审核，永嘉县职业教育中心刘蓓璐进行内容格式的检查。

　　本书是一本集理论性、实践性、指导性于一体的教材，适用于所有学习电商运营的学生以及对外卖运营感兴趣的读者使用。我们希望通过对本教材的学习，能够帮助大家从外卖行业的激烈竞争中脱颖而出，实现商业成功与个人价值的提升。由于编者的时间和水平有限，书中难免存在不足之处，恳请广大专家和读者批评指正。

目　　录

项目一

行业认知：
了解外卖行业

项目概述

　　外卖行业作为现代都市生活的重要组成部分，以其便捷、多样的服务深受消费者喜爱。它利用先进的互联网技术，实现了从线上点餐到线下配送的全流程服务，极大地满足了现代人快节奏、个性化的饮食需求。随着消费者对外卖品质和服务要求的不断提高，外卖行业也在不断创新，拓展服务范围、提升配送效率，为城市生活带来了更多便利与选择。同时，外卖行业的发展也促进了相关产业的繁荣，成为推动经济增长的新动力。

项目一　项目资讯

任务1　认识外卖运营

任务引入

小张是一名电子商务专业的学生，在他学习电商运营方面的知识和技能的时候，发现了外卖运营师这个岗位。外卖是一个很常见的行业，随着广大用户"即需要、即外卖、即使用"的方便快捷的生活方式的形成和普及，越来越多的人选择通过外卖服务来解决日常饮食和其他生活需求。但是外卖运营到底是做什么的呢？小张准备通过招聘网站进行调查了解。

任务要求

◆ 调查各大求职平台上，外卖运营师的岗位职责、任职要求、薪资待遇、工作环境等相关内容。

◆ 归纳外卖运营师的岗位职责和任职要求。

◆ 分析外卖运营师的任职要求与学生目前素养之间的差距。

学习目标

★ 能通过分析各大求职平台上外卖运营师的岗位任职要求，提炼外卖运营师的岗位职责和任职要求。

★ 能通过分析外卖运营师的任职要求，对照目前自身的职业水平，找到差距，从而有的放矢地通过学习提高自我素质，以达到外卖运营师的任职要求。

★ 能根据外卖运营师的岗位职责，归纳外卖运营的主要工作内容。

★ 能通过初步了解外卖运营工作，提高对外卖运营行业的认识。

★ 培养良好的服务意识、责任担当意识，提高收集资料和查找资料的能力。

相关知识

外卖运营是指在网络外卖平台上进行的商业活动管理和优化工作，旨在通过有效的策略和手段，提升外卖业务的效率、用户满意度和商家的市场份额。外卖运营师指的是运用互联网，利用外卖平台工具，提升线上"一量三率"（曝光量、进店转化率、下单转化率和复购率），以促进用户下单交易为目的而制定外卖运营策略、方法，并负责将之实施落地的外卖专项运营人员。

具体来说，外卖运营的主要职责包括以下内容。

一、店铺日常管理

外卖运营的店铺日常管理工作内容涉及多个方面，旨在确保外卖服务的顺畅运行，提高效率，提升顾客满意度，并最终实现盈利目标。以下是外卖运营日常管理的一些关键工作内容。

（1）订单管理：监控订单流程，确保订单能被准确无误地处理，包括接单、配餐、打包和配送。

（2）商家培训：对工作人员进行培训，确保他们了解服务标准、操作流程，掌握与顾客的沟通技巧。

（3）库存管理：监控食材库存，及时采购补充，避免浪费，同时确保食材新鲜和安全。

（4）品质控制：定期检查食品质量，确保食品符合安全卫生标准。

（5）配送管理：与配送服务商合作，确保配送效率和服务质量，减少配送失误和延迟。

二、店铺数据分析

外卖运营的店铺数据分析工作是数字化餐饮行业中至关重要的环节。这一工作的主要目标是通过对外卖店铺的各项数据进行深入分析，以优化店铺运营策略，提高店铺的曝光量、订单量和复购率，从而实现销售额的增长。

（1）流量数据分析：包括分析店铺的访问量、浏览量、点击量等数据。通过了解店铺在平台上的曝光情况，从而制定相应的推广策略。

（2）转化数据分析：包括分析下单率、成交率、复购率等数据。这些数据反映了店铺的吸引力及顾客的购买意愿，能帮助店铺找出存在的问题并优化解决方案。

（3）用户评价数据分析：顾客的评价反馈是衡量店铺服务质量和菜品口味的重要依据。根据对相关数据的分析，及时调整和改进质量，提高顾客满意度。

（4）财务数据分析：包括分析店铺销售额、成本、利润等数据。这些数据是评估店铺盈利能力的关键指标，店铺根据这些数据调整定价策略和成本控制策略。

（5）竞品数据分析：分析同类竞品的销售情况、价格策略、营销活动等，以便找出市场规律，为店铺制定有针对性的竞争策略。

三、市场推广

外卖运营的市场推广工作是提升外卖店铺知名度、吸引顾客下单的关键环节。市场推广活动的目标是提高店铺的曝光度，增加品牌认知度，进而提升订单量和市场份额。主要方式包括以下内容。

（1）平台活动：积极参与各大外卖平台举办的促销活动，如节日打折、满减优惠、新用户专享等，利用平台流量为店铺吸引更多顾客。

（2）营销推广：运用平台提供的营销工具，如广告投放、优惠券发放、店铺装修等，打造吸引顾客的店铺形象，提高曝光度。

（3）社交媒体营销：利用微博、微信、抖音、小红书等社交媒体平台，发布美食图片、视频、攻略等内容，吸引粉丝关注，并将流量引导至外卖平台。

（4）线下宣传：在餐厅周边进行线下宣传，如派发传单、悬挂海报、合作举办活动等，增加店铺的线下曝光量。

（5）顾客评价管理：积极引导顾客给予好评，提高店铺评分，增加信任度。同时，及时回应负面评价，解决问题，提升顾客满意度。

四、顾客服务

外卖运营的顾客服务工作是提升顾客满意度、提高复购率的重要环节。一般通过以下环节来实现。

（1）订单处理：及时准确地处理顾客的订单，确保菜品按时送达，保证服务质量。

（2）顾客沟通：在与顾客沟通的过程中，要礼貌、热情、耐心，解答顾客的疑问，解决顾客的问题。

（3）售后服务：对于顾客的投诉、建议等反馈，要及时回应并处理，确保顾客的权益。

（4）顾客关怀：通过定期发送优惠券、专属活动等方式，与顾客保持联系，提升顾客的忠诚度。

（5）顾客体验优化：不断改进顾客在平台上的购物体验，包括店铺页面的设计、订单流程的简化等。

外卖运营是一个动态的过程，需要不断学习市场变化，掌握新的营销技巧和工具，以适应不断发展的在线外卖市场。

任务实施

一、小明是一名即将毕业的电商专业的学生，他对外卖运营行业充满兴趣，并希望将来能在这个领域发展。为了更好地了解外卖运营的相关内容，他的任课教师提供了一个简化的外卖平台运营案例，以便小明能够通过分析来深入理解外卖运营的内涵。

以下是该外卖平台情况的简要介绍。

1. 平台名称："快食达"，成立两年，主要服务于城市白领群体。

2. 平台拥有注册用户 50 万，日活跃用户约 10 万。

3. 平台上有 1 000 家合作餐厅，覆盖中式、西式、日韩等多种菜系。

4. 平台承诺平均配送时间为 30 分钟，但实际配送时间受天气、交通等因素的影响。

5. 平台运营团队需承担订单处理、顾客服务、技术支持和物流配送等职能。

问题：

1. 根据对案例背景的分析，解释什么是外卖运营，并列举外卖运营的主要职能。

_____

_____

_____

学习笔记

2. 试分析"快食达"外卖平台在运营过程中可能遇到的挑战，简要分析原因。

二、通过查找资料，分析归纳外卖运营师的具体工作内容，完成表 1-1-1 的填写。

表 1-1-1　外卖运营师的具体工作内容

工作概要	具体工作内容
店铺日常管理	
店铺数据分析	
市场推广	
客户服务	

 任务拓展

搜索外卖行业发展的相关信息资料，归纳外卖行业的发展历程，梳理饿了么、美团及其他外卖平台的各发展阶段。

 思考与练习

1. 构建外卖顾客画像，应该考虑哪些方面？（　　　）

A. 团队内部讨论　　　　　　　　　　B. 做问卷调查

C. 外卖平台商家中心的数据　　　　　D. 从竞品评论中收集顾客信息

2. 外卖的流量可以从哪里来？（　　　）

A. 线下店铺导入　　B. 团购　　　　　C. 手机淘宝　　　　D. 微信

3. 外卖运营可以起到哪些作用？（　　　）

A. 提升曝光　　　　B. 增加复购　　　C. 提升产品体验　　D. 好评分享

4. 与顾客成为好朋友的方法有哪些？（　　　）

A. 服务卡片引导顾客添加好友　　　　B. 通过订单搜手机微信好友

C. 用活动吸引顾客加好友　　　　　　D. 直接要客户电话号码

5. 思考：外卖业务的发展历程经历了哪些阶段？

任务2 发展历程：增长速度惊人

任务引入

唐代李肇在其著作《唐国史补》中写到一个故事：有个名叫吴凑的官员被任命为京兆尹后，需款待同僚，但由于未事先准备，就直接从两市的饭店订购已经做好的宴席菜肴，能满足三五百人的用餐需求。（"两市日有礼席，举铛釜而取之。故三五百人馔，常可立办。"）

到了宋朝，据《东京梦华录》记载，开封市民经常在市店购买现成的饮食带回家享用，而不是自己亲自下厨。（"都人侈纵，百端呼索，或热或冷，或温或整，或绝冷、精浇、臕浇之类，人人索唤不同。"）

外卖，至今已存在千年。

请结合以上案例资料，分析外卖行业的发展历程。

任务要求

◆ 运用互联网搜索功能，收集外卖行业发展历程的相关信息。

◆ 收集相关信息，分析相关资料，梳理外卖行业的不同发展阶段。

◆ 能通过查找资料梳理出外卖行业的发展历程，包括时间、标志性事件及其对行业的影响。

学习目标

★ 能通过分析资料总结出外卖行业在不同发展阶段的不同特点。

★ 能通过了解外卖行业，激发对今后从事外卖运营工作的兴趣。

★ 能养成小组合作的团队意识，提高分析问题的能力和演讲表达的能力。

相关知识

一、外卖行业的起源

外卖行业的起源可以追溯至农耕时期，当时农民外出劳作，为方便饮食，于是自带干粮和水，这可以说是外卖的一种雏形。随着历史的推进，唐朝的饭馆开始提供定制宴席服务，是外卖服务早期形态的一种体现。至宋朝，外卖服务进一步普及。由于宋朝城市的餐饮业十分发达，"处处拥门，各有茶坊酒店，勾肆饮食。市井经纪之家，往往只于市店旋买饮食，不置家蔬"（选自孟元老《东京梦华录》）。意思是说，宋代都市的小白领、小商人，跟今日的城市白领一样，都不习惯在家做饭，而是下馆子或叫外卖。没错，宋朝开封的食店已经开始提供"逐时施行索唤""咄嗟可办"的快餐、叫餐服务了。张择端的《清明上河图》中（见图1-2-1）就刻画了一个不知正往谁家送外卖的饭店伙计。

图1-2-1　《清明上河图》局部

到了近代，随着城市化和工业化进程的发展，人们的生活节奏加快，外卖业务逐渐兴起。最初的外卖形式多为小摊贩或小餐馆送餐到工地或附近居民区，这种形式的外卖虽然简陋，但能够满足人们在忙碌工作中的基本需求。

在互联网外卖平台兴起之前，国内已经有了一些小规模的外卖服务供应商。如麦乐送、宅急送、丽华快餐等，它们主要服务于周边顾客，但由于配送能力和范围的限制，未能形成大规模的市场覆盖。真正带来外卖行业巨变的，是互联网技术的发展。

随着互联网和移动技术的进步，外卖行业得到了前所未有的发展。2004年，GrubHub（美国食品配送公司）的创始人和同伴一起创立了GrubHub，通过互联网为用户呈现附近的餐厅，并开发了在线点外卖的功能。凭借创新的在线点餐模式和品类丰富的餐厅选择，GrubHub成立不久就一举颠覆了传统的外卖市场，成为美国当时最大的在线外卖平台。2008年，饿了么本地生活平台创立，当年9月网站上线，主攻高校市场，开启了国内互联网外卖的新纪元。饿了么创始人张旭豪和康嘉在读研究生时期，通过自己在宿舍玩电子游戏时需要点外卖的经历，发现了外卖行业的潜力，并决定在这个领域创业。美团外卖于2013年11月上线，虽然美团进军外卖行业比饿了么晚了好几年，但因为外卖与团购在餐饮商家那里有着天然的互补性，于2014年开始大力推广外卖的美团以"农村包围城市"的战术迅速开拓市场。百度外卖诞生于2014年，定位于中高端白领市场。2015年百度外卖在白领市场的占有率排名第一。

外卖平台通过引入在线支付、智能调度等技术手段，优化了外卖服务的效率和用户体验，推动了外卖行业的快速发展。虽然中国外卖平台诞生较晚，但已经后来者居上，无论是发展速度还是发展规模，都已超越了其他国家。

二、外卖行业的发展

外卖行业经历了从起步与探索到精细化运营与创新的多个阶段。每个阶段都有其独特的特点和标志性事件，这些事件不仅推动了外卖行业的快速发展，而且反映了社会和技术进步对外卖行业的深刻影响。外卖行业的发展可以概括为起步与探索期、开拓与混乱期、稳定与精耕期以及精细化运营与创新期四个时期。

（一）起步与探索期

1. 主要特点

外卖行业在起步与探索期阶段以电话订餐为主，服务范围局限于特定的餐厅和酒店。随着互联网的普及，外卖行业开始逐渐进入公众的视野，但尚未形成规模化的发展。

2. 标志性事件

互联网技术的初步应用使得外卖行业开始探索线上模式，为后续的快速发展奠定了基础。

3. 对行业的影响

起步与探索期为外卖行业的后续发展奠定了技术基础，也让消费者开始接受并期待更加便捷的外卖服务。

（二）开拓与混乱期

1. 主要特点

随着互联网技术的进一步发展，外卖平台如雨后春笋般涌现，饿了么、美团外卖等成为行业的佼佼者。平台之间为了争夺市场份额，展开激烈的补贴大战，市场竞争异常激烈。

2. 标志性事件

饿了么、美团外卖等平台崛起，成为外卖市场的领导者。

平台之间展开大规模的补贴战，通过提供优惠券、满减等策略吸引用户。

3. 对行业的影响

外卖市场迅速扩大，用户基数快速增长。

补贴大战虽然在短期内吸引了大量用户，但从长远来看导致了行业内的无序竞争和资源浪费。

（三）稳定与精耕期

1. 主要特点

随着市场竞争的加剧，外卖平台开始注重提升服务质量和用户体验。平台优化配送系统，提高配送效率；加强商家审核，确保食品安全；同时，平台开始寻求盈利模式，逐渐减少对补贴的依赖。

2. 标志性事件

外卖平台开始建立自己的配送团队，提高配送效率和服务质量。

平台开始与更多优质商家合作，提升服务品质和品牌形象。

3. 对行业的影响

外卖行业的竞争逐渐从价格竞争转向服务竞争，行业整体服务水平得到提升。

平台的盈利模式逐渐清晰，行业进入稳定发展时期。

（四）精细化运营与创新期

1. 主要特点

外卖平台进入精细化运营时期，利用大数据、人工智能等技术手段进行精准营销和个性化推荐。同时，平台积极探索新的业务模式和创新点，如无人配送、绿色包装等，以应对市场竞争和用户需求的变化。

2. 标志性事件

外卖平台推出智能调度系统，优化配送路线和时间，提高配送效率。

平台利用大数据进行用户画像分析，实现精准营销和个性化服务。

3. 对行业的影响

精细化运营和创新举措提升了外卖平台的竞争力和用户体验，进一步巩固了外卖平台的市场地位。

新业务模式和创新点的出现为外卖行业带来了新的增长点和发展机遇。

❀ 任务实施

一、通过学习相关知识，整理外卖行业的发展历程，分析其主要的发展阶段、时间点和重大事件，完成表1-2-1外卖行业发展历程的填写。

表1-2-1 外卖行业发展历程

阶段	时间	事件

二、外卖的发展是一个充满变革与创新的过程，从最初的简单形式到如今的高科技、高效能的系统。通过上网搜集相关资料，对以下关键阶段的外卖特点进行归纳总结，完成表1-2-2外卖行业关键阶段发展特点的填写。

表1-2-2 外卖行业关键阶段发展特点

阶段	时间	特点
外卖的雏形阶段		
通信技术革命下的外卖		
互联网外卖平台的出现		
未来的外卖发展		

三、经历了竞争激烈的补贴大战后，多家外卖平台已退出外卖市场，同时也有不少互联网企业加入外卖市场。试梳理补贴大战前后外卖市场和平台的变化，并将相关内容填入表1-2-3。

表1-2-3　补贴大战前后外卖市场和平台的变化

补贴大战前	补贴大战后

任务拓展

搜集团购市场"百团大战"的相关信息，分析"百团大战"的原因及对市场的深远影响。

思考与练习

1. 外卖行业的萌芽时期主要发生在哪个时间段？（　　）

A. 2000—2008 年　　　　　　　B. 2008—2016 年

C. 2016—2018 年　　　　　　　D. 2018 年至今

2. 哪一事件标志着外卖平台开始进入精细化运营时期？（　　）

A. 饿了么的成立　　　　　　　B. 美团外卖的崛起

C. 平台开始注重数据运营　　　D. 补贴大战的结束

3. 外卖行业在哪个阶段实现了从混乱到有序的转变？（　　）

A. 起步与探索期　　　　　　　B. 开拓与混乱期

C. 稳定与精耕期　　　　　　　D. 精细化运营与创新期

4. 外卖行业的快速发展与哪一技术的普及密切相关？（　　）

A. 互联网技术　　　　　　　　B. 移动通信技术

C. 物联网技术　　　　　　　　D. 人工智能技术

5. 思考：外卖行业的快速发展对社会经济带来了哪些积极影响？同时，又提出了哪些挑战或问题？

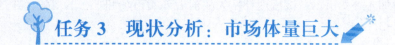

任务引入

2014 年至 2019 年，我国外卖相关企业注册量稳定增加，从 2014 年的 1.1 万家，逐年增加至 2019 年的 7.6 万家，每年的增速保持在 26%～76%；2020 年，我国外卖相关企业注册量激增，全年注册量同比增加 869.5%，至 73.4 万家，达到近十年的增速峰值；此后年度注册量基本保持在 67 万家至 110 万家。2023 年全年，我国累计注册 106.2 万家外卖相关企业，同比增加 56.7%。

请结合以上材料，分析外卖市场的现状。

任务要求

◆ 查找相关资料，汇总外卖市场的用户规模、商家数量、订单数量和营收情况，绘制曲线图。

◆ 分析曲线图的变化，总结归纳外卖市场的现状。

学习目标

★ 能通过外卖平台的官方网站、社交媒体和相关论坛，收集整理外卖市场的相关信息，包括但不限于用户规模、商家数量、订单数量和营收情况等。

★ 能通过分析外卖业务的现状，归纳外卖市场的重要性。

★ 能初步分析外卖行业的现状，锻炼分析事物的能力。

★ 养成小组合作的团队意识，提高逻辑思维能力和沟通交流能力。

相关知识

一、外卖行业的市场规模

随着互联网技术的飞速发展和智能手机的普及，近年来外卖行业在我国得到了迅猛发展。人们可以随时通过手机应用轻松下单，享受美食送货上门的服务。

（一）餐饮市场规模不断扩大

据国家统计局发布的数据显示，2023 年全国餐饮收入突破 5 万亿元大关，达到 52 889.7 亿元，同比增长 20.4%。其中，限额以上单位餐饮收入 13 356 亿元，同比增长 20.9%。2019—2023 年全国餐饮收入情况如图 1-3-1 所示。餐饮业在社会消费品零售总额中增速领跑其他消费类型。外卖业务中，餐饮业务所占比重最大，餐饮市场的不断扩大为外卖业务的增长奠定了基础。

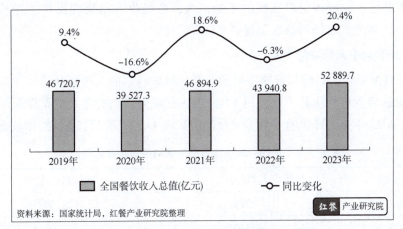

图 1-3-1　2019—2023 年全国餐饮收入情况

（二）外卖用户规模继续壮大

随着外卖服务便捷性的提升和多样化的发展，越来越多的消费者选择使用外卖服务。2023 年，我国外卖用户规模已经达到了 5 亿多人，占到了总人口的近三成。

截至 2023 年 12 月，我国网上外卖用户规模达 54 454 万人，较 2022 年 12 月增长 2 338 万人，占整体网民的 49.9%。2020 年到 2023 年外卖用户在整体网民中的持续占比达 40% 以上，2021 年由于受到疫情影响，外卖用户规模有了快速增长。2020 年 3 月—2023 年 12 月网上外卖用户规模及使用率如图 1-3-2 所示。

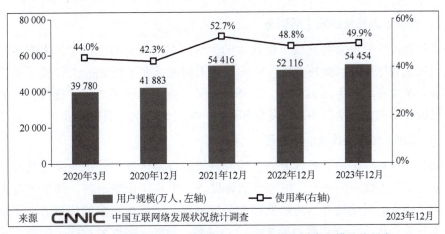

图 1-3-2　2020 年 3 月—2023 年 12 月网上外卖用户规模及使用率

（三）外卖订单数量持续增长

随着消费者对外卖服务需求的增加，外卖订单数量持续攀升。据估计，外卖订单数量在 2023 年已经超过了 360 亿单，显示出外卖市场的巨大容量。

（四）外卖市场收入稳步增长

外卖行业的市场收入来源于平台对商家收取的服务费、用户的订单费用以及广告收入等。随着订单数量和用户规模的不断扩大，市场收入也呈现出快速增长的趋势。据估计，2023 年外卖市场的收入超过了 7 300 亿元。

（五）外卖骑手人数持续上升

随着互联网平台的兴起和智能手机的普及，越来越多的人选择从事外卖配送工作。据统计，2023 年我国外卖骑手总数超 1 000 万人，成为新兴的庞大职业群体。

2019—2023 年美团外卖骑手数量变化趋势如表 1-3-1 所示，呈持续增长态势。

表 1-3-1　2019—2023 年美团外卖骑手数量变化趋势

年份	人数/万人	同比增长率/%
2019	398	23.30
2020	470	18.09
2021	527	12.10
2022	624	18.40
2023	745	19.39

2020 年，外卖行业规模突破了 8 100 亿元，外卖市场的交易金额、用户规模、商家收入等方面都正在飞速增加，外卖行业在现代社会生活中扮演着越来越重要的角色。

二、外卖行业的重要作用

（一）提供了方便快捷的生活服务

外卖行业的发展极大地方便了现代人的生活。在快节奏的生活中，人们往往没有足够的时间去餐厅用餐，而外卖行业的发展使人们通过在手机 App 上轻松下单就可以享受到各种美食和获取生活必需品。此外，外卖行业还提供了丰富的选择，人们可以根据自己的口味和偏好选择不同的餐厅和菜品，满足个性化的消费需求。

（二）促进了传统餐饮业的新发展

外卖行业的兴起带动了餐饮业的变革和升级。许多传统餐饮企业通过与外卖平台合作，实现了线上线下的融合，拓宽了销售渠道，提高了市场份额。外卖平台为餐饮企业提供了更多的曝光机会，使得他们的品牌和菜品能够被更多的消费者所了解。此外，外卖行业还催生了众多餐饮新形态，如快餐、简餐、网红餐厅等，促进了餐饮市场的多元化发展。

（三）创造了众多的就业机会

外卖行业的发展为社会提供了大量的就业机会。特别是对于那些需要灵活工作时间的求职者而言，如学生、兼职工作者等，外卖行业提供了较为灵活的就业方式。骑手、配送员、客服等职位成为许多人的就业选择。此外，外卖行业的发展还带动了餐饮、物流、电子支付等相关产业的发展，进一步创造了更多的就业机会。

（四）推动了其他相关产业的发展

外卖行业的发展也带动了相关产业的发展。例如，外卖行业的发展推动了物流配送行业的快速发展，配送员和快递员的需求量大大增加。同时，电子支付在外卖行业中的应用也越来越广泛，为支付行业带来了巨大的发展机会。此外，智能硬件、云计算、大数据等技术在外卖行业中的应用也推动了相关产业的发展。

（五）促进了数字化生活的普及

外卖行业的普及推动了生活方式的数字化。人们越来越习惯于在线购物、在线点餐，这种变化也推动着整个社会向数字化转型。外卖行业的发展促使人们更多地使用移动互联网、电子支付等数字化手段，提高了生活的便捷性和效率。

任务实施

一、外卖已逐渐成为日常生活的一部分，越来越多的消费者开始使用外卖平台。你使用过外卖平台吗？印象如何？以下将对外卖平台的使用情况做一个简单的调查，请完成表 1-3-2 中的内容。

表 1-3-2 外卖平台的使用情况

首次使用时间	外卖平台	购买产品	购买金额/元	购后体验
每月的使用次数	使用平台	主要购买产品	购买金额/元	建议和意见

二、通过查询相关资料文献，统计外卖市场 2019—2023 年外卖业务的营业额及增长率，填入表 1-3-3，并画出折线图。

学习笔记

表 1-3-3　外卖市场 2019—2023 年外卖业务的营业额及增长率

年份	外卖业务营业额/元	增长率/%
2019		
2020		
2021		
2022		
2023		

 任务拓展

搜集美团、饿了么、抖音、微信小程序等外卖平台的如下相关信息：业务内容、商家活动、骑手措施，并分析外卖业务的新变化。

思考与练习

1. 2023 年，我国全国餐饮收入突破多少大关？（　　）

A. 6 万亿元　　　　B. 8 万亿元　　　　C. 5 万亿元　　　　D. 7 万亿元

2. 2023 年，我国外卖用户规模超过了多少？（　　）

A. 6 亿　　　　　　B. 7 亿　　　　　　C. 5 亿　　　　　　D. 4 亿

3. 外卖行业的重要性表现在哪些方面？（　　）

A. 提供了方便快捷的生活服务

B. 促进了传统餐饮业的新发展

C. 创造了众多的就业机会

D. 促进了数字化生活的普及

4. 骑手属于服务行业，成为骑手需具备哪些素质？（　　）

A. 服务意识　　　　　　　　　　B. 吃苦耐劳精神

C. 团队意识　　　　　　　　　　D. 乐观精神

5. 骑手的价值观有哪些？（　　）

A. 挣钱至上　　　　　　　　　　B. 以顾客为中心

C. 效率第一　　　　　　　　　　D. 以自己为中心

任务4　趋势预测：连锁进程加速

任务引入

　　为规范外卖塑料回收利用，全面深化塑料污染治理，浙江省发展和改革委员会制定了《浙江省外卖塑料"零废弃"工作方案》（以下简称《工作方案》）。

　　《工作方案》明确指出，到2023年年底，在高校等重点区域打通外卖消费及其塑料废弃物回收、循环利用链条，率先形成外卖塑料"零废弃"运作模式。

　　到2025年，在各类学校、商务楼宇、社区等区域积极推广"零废弃"模式，推动浙江省外卖塑料减量循环工作取得明显进展。

　　《工作方案》提出建立一个联盟、一张网络、一套机制、一批标准等重点举措：一个联盟即组建全省外卖减塑联盟，一张网络即健全外卖塑料回收利用网络，一套机制即推动建立绿色生活激励机制，一批标准即加快外卖包装绿色标准制定。

　　请结合材料，分析外卖行业发展的趋势。

任务要求

　　◆ 分析上述任务内容，总结未来外卖包装的要求及处理机制。
　　◆ 查找政府相关网站的官方资料，列举政府对外卖行业发展的相关指导文件。
　　◆ 能进一步对政府指导文件进行简单分析，梳理政府对外卖行业规范的要求以及对行业发展的引导措施。

学习目标

　　★ 能通过查找政府网站、外卖平台的官方网站、社交媒体和相关论坛，收集整理外卖行业发展的相关资料文件。
　　★ 能根据搜集的资料，预测外卖行业的发展趋势。
　　★ 提高搜集资料、提炼资料、整合资料、分析资料的能力。

相关知识

一、外卖业务市场规模持续增长

　　随着数字化生活方式的不断普及和消费者新消费习惯的形成，外卖服务的需求量预计将持续增长。在市场规模不断扩大的同时，外卖业务还呈现出商品品类日益丰富、服务区域持续拓展、服务群体不断扩大、消费场景更加多元的发展趋势，也就是由"外卖"到"万物"。

二、连锁品牌加速进入外卖市场

近年来，随着互联网经济的快速发展，许多线下消费模式逐渐和网络消费相结合，本地生活领域便是其中的典型。各连锁品牌纷纷通过不同的策略进入外卖市场，利用技术创新和业务模式创新，适应消费者需求的变化，提升自身的竞争力和市场占有率。

例如，呷哺呷哺、海底捞、太二酸菜鱼、老乡鸡、冰火楼、农耕记等品牌，纷纷设立小型、专注外卖的"卫星店"，采用"大店堂食+小店外卖"的协同模式，降低运营成本、提高效率并吸引消费者。

麦当劳、肯德基等洋快餐巨头也加速布局 O2O（Online To Offline，线上到线下）外卖市场，通过自建 O2O 渠道或与第三方 O2O 外卖平台合作，抢食千亿 O2O 外卖市场。

三、科学技术创新推动行业升级

随着大数据、人工智能、5G 等新兴技术的兴起和成熟，运用数字化技术对餐饮商家产品研发、供应链管理、精准营销等措施实现深度赋能，在推动餐饮行业变革升级的同时，外卖平台的数字技术优势也将更加充分地显现出来。

（一）智能调度系统

外卖平台如美团已经建立了配送物流的超级大脑——实时智能调度系统，能够根据骑手的实时位置、订单数量、交通状况等因素，实现订单的最优分配和骑手送餐路线的智能规划。这大大降低了运力负荷和配送成本，同时提高了配送效率和服务体验。

（二）无人机和自动化设备

为了进一步提高配送效率，外卖平台正在尝试引入无人机和自动化设备进行配送。无人机配送可以突破地形和交通的限制，将食物更快地送达消费者手中。而自动化设备，如自动配送车，则可以在繁忙的时段减轻骑手的压力，提高配送效率。

（三）大数据和人工智能

利用大数据和人工智能技术，外卖平台可以分析消费者的消费习惯、口味偏好等信息，为消费者提供更加个性化的推荐服务。同时，平台还可以根据商家的经营情况和菜品特点，为商家提供营销建议和运营策略。

四、日益重视健康饮食和绿色环保

随着消费者对健康饮食需求和环保意识的提升，外卖行业也将更加注重食品的卫生情况和包装的环保性，可持续发展将成为外卖服务的一个重要方面。

随着健康意识的提高，越来越多的消费者开始关注饮食的健康和营养。因此，外卖平台需要提供更多健康、营养的餐品选择，以满足消费者的需求。例如，提供粗粮、低卡、低糖等健康食品，营养搭配合理的套餐以及提供更多定制化的餐品等。

五、市场竞争与合作的并存及发展

随着更多的连锁品牌和互联网巨头进入外卖市场，市场竞争将变得更加激烈。同时，也可能出现跨平台的合作契机，外卖平台可能会与其他行业的企业进行跨界合作，如与电影、游戏等行业联合推出主题活动，或者与购物中心、旅游景点等场所合作，提供预购、预定的服务，以增加用户黏性。

❋ 任务实施

一、为了了解胜利小区居民对外卖平台的使用情况，加大外卖平台的宣传，需设计一份关于美团外卖的调查问卷。

要求：（1）主题明确；（2）结构合理；（3）通俗易懂；（4）问题不少于15个。

_____

_____

二、查询相关资料，列举外卖平台采取的绿色环保发展措施。（不少于五项）

_____

_____

三、研究当前及未来可能影响外卖行业的技术发展趋势，如无人配送、智能调度系统、人工智能（AI推荐算法）等，分析这些技术发展趋势如何影响平台的运营效率、用户体验和市场竞争力。

（1）无人配送。

_____

_____

（2）智能调度系统。

_____

_____

（3）人工智能。

_____

_____

❋ 任务拓展

假设你是某外卖公司的运营师，主营品类是餐饮。从2022年开始，你尝试拓展新品类，包括食品杂货、医药和鲜花等物品的配送服务，但效果不佳。店铺老板让你分

学习笔记

析当前的问题是什么，应该如何改善才能达成目标。

思考与练习

1. 截至 2023 年，开展外卖业务的平台有哪些？（   ）
A. 美团　　　　　　B. 饿了么　　　　　　C. 抖音　　　　　　D. 微信
2. 下面哪项不是外卖受欢迎的原因？（   ）
A. 节省时间　　　B. 价格昂贵　　　C. 口味多样　　　D. 便于携带
3. 外卖市场的发展趋势包括哪些？（   ）
A. 外卖业务市场持续增长
B. 连锁品牌加速进入外卖市场
C. 技术创新推动升级
D. 人们对环保和绿色餐饮的重视
4. 思考：作为一家有担当的企业，外卖平台在承担社会责任方面应采取哪些举措？

5. 思考：外卖发展中存在的风险和遇到的瓶颈有哪些？

项目一　任务评价

完成本项目任务的学习后，请对任务过程和结果的质量进行评价及总结，并填写任务评价表。自我评价由学习者本人填写，小组评价由组长填写，教师评价由任课教师填写。

任务评价表

项目	评价内容	所占分值	自我评价（30%）	小组评价（20%）	教师评价（50%）
		组别			
		评价标准			
准备阶段	学习准备充分，具备责任心	5			
过程管理	1. 遵守纪律，服从管理	5			
	2. 实施过程安全合理	5			
	3. 有较强的搜索资料的能力和团队合作意识	5			
任务实施	1. 认识外卖运营	15			
	2. 了解外卖运营的发展历程	15			
	3. 分析外卖运营的现状	15			
	4. 预测外卖运营的发展趋势	15			
实施成效	1. 按时完成任务	10			
	2. 遵守7S（7S现场管理法）的工作要求	10			
小组评语及建议		指导教师：　　　　年　　　月　　　日			

项目二

新手入门：
开店第一步

项目概述

入驻美团外卖，商家能够充分利用平台的海量用户资源，迅速增加品牌曝光度和扩大市场覆盖范围。通过美团外卖的高效配送网络，商家能够确保食物准时送至顾客手中，提升顾客满意度。此外，美团外卖还提供丰富的营销工具和数据分析支持，帮助商家精准定位目标客户群，制定有效的营销策略。入驻美团外卖不仅降低了商家的运营成本，还极大地促进了业务的快速增长和持续发展。

本项目安排了六个任务，从认识平台、申请账号、发布产品、装修店铺、营销活动、店铺信息设置这六个方面系统地学习外卖平台账号申请、店铺开设、产品发布、活动设置等操作技能，以真实项目背景为依托，以任务驱动、案例分析等方式培养学生的团队合作意识和创新意识，帮助其具备商业思维等职业素养。

项目二　项目资讯

任务1 认识平台

任务引入

李华是一位小型面馆的老板，近期他发现店内生意清淡，顾客稀少。听闻许多同行做起了外卖，而且通过外卖服务增加了不少客流和收入，李华也决定加入外卖平台，以此扩大经营范围，吸引更多顾客。但是，目前有多个外卖平台，他应该选择哪一个呢？请你帮助他先进行了解分析，再做决定。

任务要求

◆ 深入了解外卖平台的各项服务和功能。

◆ 分析外卖平台的用户群体及其消费习惯以及满意度水平，找出潜在的改进空间。

◆ 调研同行竞争对手的服务特点，对比各外卖平台之间的优势和不足。

学习目标

★ 能通过外卖平台的官方网站、社交媒体和相关论坛，收集整理关于外卖平台的信息，包括服务范围、价格、用户评价等。

★ 能通过外卖平台的官方网站、社交媒体等渠道收集用户对于各外卖平台的满意度水平、使用习惯、遇到的问题等方面的数据，并进行归纳整理。

★ 对外卖平台进行市场调研，了解它们各自的服务特点、优势和不足，并进行对比分析。

★ 养成独立思考、分析问题、归纳总结的能力，树立团队合作意识。

相关知识

一、外卖平台——美团

（一）成立时间与背景

美团外卖是美团旗下的网上订餐平台，于2013年11月正式上线，企业总部位于北京。美团外卖秉承着"帮大家吃得更好，生活更好"的原则，通过科技连接消费者和商家，为消费者提供高品质、多样化的餐饮外卖服务。

（二）主要业务

美团外卖的品类包括美食、蔬菜水果、超市便利、浪漫鲜花、面包蛋糕等，包含早午晚餐、下午茶、夜宵，餐品种类又分为中餐、西餐、家常菜、小吃、快餐、海鲜、火锅、川菜、蛋糕、烤肉、水果、饮料、甜点等。美团外卖平台界面如图 2-1-1 所示。

美团外卖的主要功能有以下几个方面。

（1）附近美食，全国各地特色美食。

（2）全新支持，超市百货药品下单。

（3）简单订餐，手机下单快速方便。

（4）品质外卖，品牌餐厅干净放心。

（5）在线支付，在线支付优惠更多。

图 2-1-1　美团外卖平台界面

（三）发展历程与重要事件

1. 起步阶段：2013 年 11 月

2013 年 11 月，美团外卖正式上线，最初主要提供美食外卖服务。在起步阶段，美团外卖凭借其便捷的服务和广泛的覆盖范围，迅速赢得了用户的青睐。

2. 品牌升级和服务拓展：2015 年 11 月

2015 年 11 月，美团对品牌进行全面升级，开始正式进入白领市场，并于同年 12

月正式上线自动派单系统。在品牌升级和服务拓展时期，美团外卖开始提供更加多样化的服务，进一步提升用户体验。

3. 重要合作与功能创新：2017 年 8 月

2017 年 8 月，美团外卖与微信钱包达成合作，进一步扩大了其服务范围和用户基础。同年，美团外卖推出"号码保护"功能，并启动"青山计划"，旨在推进外卖行业环保问题的解决。

4. 快速扩张和上市：2018 年 5 月

2018 年 5 月，美团外卖宣布日完成订单量超过 2 000 万单。同年 9 月 20 日，美团点评在港交所挂牌上市，标志着其发展进入了一个新的阶段。

5. 持续发展和创新：2019 年

自 2019 年以来，美团外卖不断进行技术创新和业务拓展，如推出"无接触配送"服务、与铁塔能源签署战略合作协议等，以适应市场变化和用户需求的变化。

6. 会员体系升级：2024 年 5 月

2024 年 5 月，美团的会员体系全面升级，以往只覆盖外卖业务的"神会员"开始逐步扩展到到店业务，进一步丰富了其服务内容和用户群体。

二、外卖平台——饿了么

（一）成立时间与背景

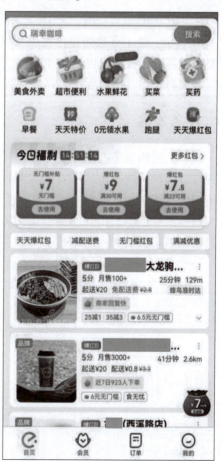

饿了么是一个于 2008 年创立的本地生活平台。该平台秉承激情、极致、创新的理念，以建立全面、完善的数字化餐饮生态系统为使命，为用户提供便捷服务和极致体验，为餐厅提供一体化运营解决方案，从而推进整个餐饮行业的数字化发展进程。

（二）主营业务

饿了么以"Everything 30min"为使命，致力于用科技打造本地生活服务平台，推动中国餐饮行业的数字化进程，将外卖培养成中国人继做饭、堂食后的第三种常规就餐方式。饿了么平台界面如图 2-1-2 所示。

饿了么平台的主要功能包括如下几个方面。

（1）快速搜罗附近外卖商家，不用打电话就可以直接在线预订。

（2）平台会在第一时间通知买家外卖状态。

（3）看到大家对喜欢的外卖美食的点评 & 照片。

图 2-1-2　饿了么平台界面

（4）收藏用户喜欢的餐厅和美食，方便点餐。

（5）各种赠饮打折活动，优惠不断。

（三）发展历程与重要事件

1. 创立初期（2008—2010 年）

饿了么由张旭豪、康嘉等人在上海创立，由上海交通大学的学生创业项目演变发展而来。创始人张旭豪在上海交大读研期间，发现了大学生常因学习等原因需要熬夜，但在夜间却订不到餐食的痛点，由此产生了运营外卖业务的想法。

2. 蓄力布局期（2010—2014 年）

在此期间，饿了么逐渐扩大服务范围，覆盖更多的城市和餐厅。平台不断进行技术升级和创新，提升用户体验和服务质量。在此期间，饿了么完成了多轮融资，为后续的爆发式增长奠定了基础。

3. 爆发式增长期（2015—2017 年）

饿了么在线外卖平台覆盖全国 2 000 个城市，加盟餐厅达到 130 万家，用户量激增至 2.6 亿，公司员工规模超过 15 000 人，这些数字都反映出平台业务的迅猛增长。饿了么在餐饮外卖市场的份额持续扩大，成为行业领导者。

4. 稳定发展与创新期（2018 年至今）

2018 年，饿了么被阿里巴巴以 95 亿美金全资收购，成为阿里巴巴本地生活服务的重要组成部分。在阿里巴巴的支持下，饿了么将继续推动餐饮行业的数字化进程，并将探索在新零售、即时配送等新兴业务领域的发展。

任务实施

一、美团和饿了么在外卖市场各有优势：美团外卖在服务范围、用户体验和促销方式等方面都表现出色，拥有庞大的用户基础和市场份额；而饿了么则以其广泛的服务范围、智能的用户体验和多样化的促销方式吸引用户。

请从服务范围、用户体验、促销方式等方面对美团与饿了么进行优势和特点的对比分析，填写表 2-1-1。

表 2-1-1　饿了么与美团外卖对比分析

平台	美团	饿了么
服务范围		
用户体验		饿了么致力于提升用户体验，通过不断优化 App 界面和操作流程，让用户能够更快速、便捷地找到自己喜欢的餐厅和菜品。饿了么还提供了智能推荐、语音下单等功能，让用户订餐变得更加便捷和智能
促销方式		

二、美团外卖的用户习惯可以从多个维度来分析，包括用户群体特征、使用偏好、消费习惯以及行为特点等，请整理出美团外卖用户的使用习惯，填写表2-1-2。

表2-1-2 美团外卖用户的使用习惯

维度	细分	说明
用户群体特征	年龄分布	18~35岁的用户占比最大
	性别分布	
	地域差异	
	教育程度	
使用偏好	主要活动	
	资讯获取渠道	
消费习惯	消费时段	
	价格敏感度	
行为特点	用户评价	
	流失原因	

任务拓展

搜集饿了么平台的相关资料，绘制饿了么平台的用户画像。

思考与练习

1. 美团外卖是在哪一年正式上线的？（　　　）

A. 2010年　　　　B. 2012年　　　　C. 2013年　　　　D. 2015年

2. 饿了么的"Everything 30min"是指什么？（　　　）

A. 企业口号　　　B. 送餐时间保证　　C. 客服响应时间　　D. 菜品制作时间

3. 美团旗下的哪个业务是社区电商业务？（　　　）

A. 美团外卖　　　B. 美团优选　　　　C. 美团酒店　　　　D. 美团打车

4. 美团外卖平台的主要功能是什么？（　　　）

A. 超市购物　　　B. 药品购买　　　　C. 网上订餐　　　　D. 旅行预订

5. 美团外卖骑手在距离顾客定位地址多少米以上不能点击送达？（　　　）

A. 100米　　　　B. 200米　　　　C. 300米　　　　D. 400米

任务 2　申请账号

任务引入

经过综合考虑，李华决定先将自己的面馆入驻美团外卖平台，他找到外卖运营师来帮助自己完成美团账号的申请，并进行后续店铺的开设与管理。因此，他要先了解美团外卖的招商规则，并据此准备相关的资质材料。

任务要求

◆ 了解美团店铺入驻的资质和要求，并准备、提交相应的资料。

◆ 了解美团店铺入驻的流程，并填写相应的信息。

◆ 提交美团店铺入驻的申请。

学习目标

★ 能通过外卖平台官网查询入网餐饮服务提供者审查登记规范，确定入驻要求和审查标准。

★ 能根据外卖平台店铺入驻的流程准备相应的资料。

★ 能根据店铺的相关信息进行入驻资料的填写，成功完成账号的申请。

★ 培养查找并筛选信息的能力以及独立思考、分析总结的能力，树立团队合作意识。

相关知识

一、美团商户经营资质

（1）地方市场监督管理部门、行政审批局（或行政审批服务中心）等颁发的营业执照或其他替代营业执照的合法有效资质（营业执照样本见图 2-2-1）。替代营业执照的其他有效资质包括事业单位法人证书、民办非企业单位登记证书、军队单位对外有偿服务许可证、社会团体法人登记证书等。

（2）地方市场监督管理部门、食品安全监督管理部门、行政审批局（或行政审批服务中心）、街道办等颁布的行业许可资质文件。行业许可资质文件包括食品经营许可证（食品经营许可证样本见图 2-2-2）、食品生产许可证，以及符合当地法规政策要求、可以依法从事网络餐饮服务的其他有效资质证明，包括但不限于小餐饮登记证（卡）、小餐饮备案证（卡）、小餐饮许可证、小餐饮核准证、食品小经营店登记（备案）证等。

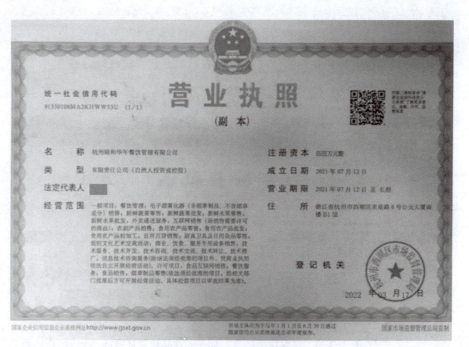

图 2-2-1 营业执照样本

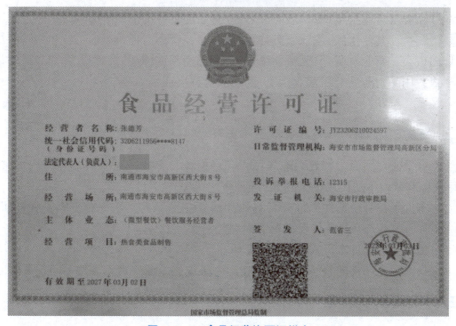

图 2-2-2 食品经营许可证样本

（3）"含网络经营"标注：监管部门要求在许可资质证明中须标注"含网络经营"（"含网络经营"标注的食品经营许可证样本见图 2-2-3）方可被允许从事入网经营的，商户应向发证机关申请予以标注。

（4）不同类型的商家要入驻美团需准备要上传的资质证照。

① 普通餐馆类：营业执照+餐饮服务许可证/食品经营许可证。

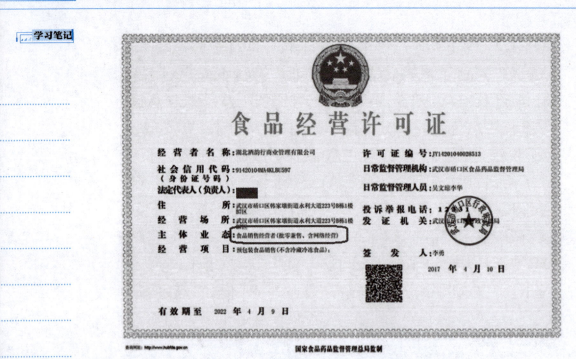

图 2-2-3　"含网络经营"标注的食品经营许可证

② 饮品类：营业执照+餐饮服务许可证/食品经营许可证。

③ 蛋糕类：营业执照+餐饮服务许可证/食品经营许可证。

④ 超市类：营业执照+食品流通许可证/食品经营许可证。

⑤ 成人用品、药品类：营业执照+药品经营许可证。

⑥ 蔬菜、鲜花、水果类：营业执照。

二、商家个人信息

（1）身份证件须为：有效大陆居民二代身份证、有效护照、有效港澳居民来往内地通行证、有效台湾居民来往大陆通行证。

（2）本人手持身份证件原件（带有照片面）拍照，并露出完整五官；大陆居民二代身份证需加拍本人手持证件反面国徽面照片一张。

（3）提供身份证件本人需年满 18 周岁。

（4）身份证复印件需将正反面复印在同一张纸上，证件本人需按手印。

三、美团商家入驻流程

（一）手机端入驻

（1）打开并登录美团，点击底部右侧"我的"选项，找到"入驻美团"选项，点击进入（见图 2-2-4）。

（2）接下来选择要入驻的类型，是外卖、店铺，还是综合类。如果是外卖店铺，直接点击"快速开通外卖"选项（见图 2-2-5）。

（3）进行商家手机号注册（见图 2-2-6）。

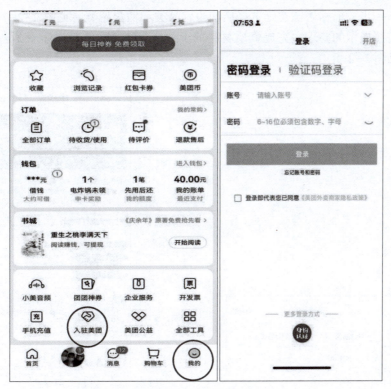

图 2-2-4　入驻美团

图 2-2-5　选择要入驻的类型　　　　图 2-2-6　商家手机号注册

（4）下一步，根据店铺实际选择店铺主营品类和辅营品类（见图 2-2-7）。

（5）按照提示的要求，完成资质材料的上传，等待平台审核。审核通过后即可开门营业（见图 2-2-8）。

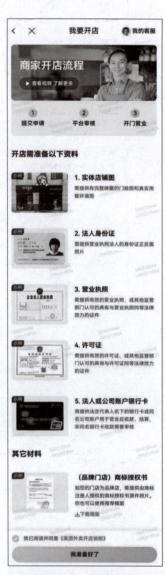

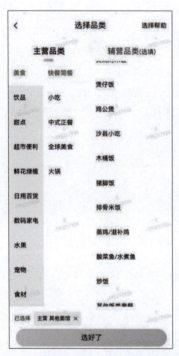

图 2-2-7　选择店铺主营品类和辅营品类　　　图 2-2-8　平台审核

（二）电脑端美团外卖入驻

下载美团外卖商家版，单击"免费入驻"按钮，根据提示填写商家资料，等待审核（见图 2-2-9）。

🌸 任务实施

一、美团商家规则主要涉及商家的商品发布、质量保证、售后服务、信息审核等

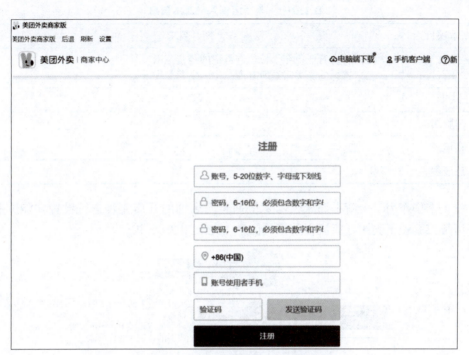

图 2-2-9　电脑端美团外卖入驻

多个方面，旨在保障消费者权益、维护平台秩序以及促进商家的健康良好发展。请查阅美团官网平台规则，在表 2-2-1 中填写美团店铺入驻的资质审查项目和图片要求。

表 2-2-1　美团店铺入驻的资质审查项目和图片要求

资质审查项目	图片要求
营业执照	
食品经营资质（包括但不限于食品经营许可证、小餐饮登记/备案证等）	
法定代表人/商户负责人手持身份证件照片	（1）身份证件须为：有效大陆居民二代身份证、有效护照、有效港澳居民来往内地通行证、有效台湾居民来往大陆通行证 （2）本人手持身份证件原件（带有照片面）拍照，并露出完整五官；大陆居民二代身份证需加拍本人手持证件反面国徽面照片一张 （3）提供身份证件本人需年满 18 周岁 （4）身份证复印件需将正反面复印在同一张纸上，证件本人需按手印
量化分级信息展示	

二、美团商家在申请入驻的过程中，需要上传各类店铺信息，包括头图、门脸图、环境图、后厨图等，请从美团平台规则中查找相关资料并填写表 2-2-2 美团店铺入驻基本信息。

表 2-2-2　美团店铺入驻基本信息

基本项目	图片要求
经营品类	（1）符合营业执照、行业许可证的经营范围； （2）选择的品类需是所有商品中的主营品类
头图	
门脸图	
环境图	
后厨图	

三、李华作为一个新手商家，需要根据美团店铺的开店流程进行设置才能顺利营业，请帮忙整理出美团开店流程及相关信息，完成图 2-2-10。

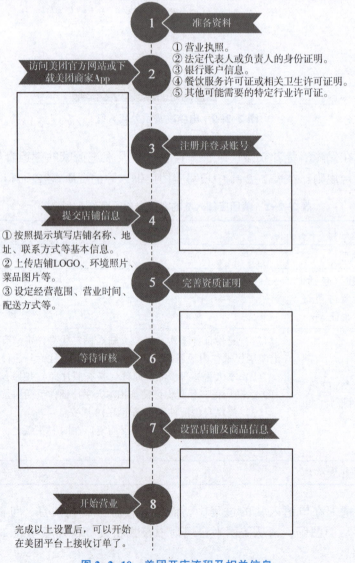

图 2-2-10　美团开店流程及相关信息

🌸 任务拓展

查看美团官网的平台规则，了解违规行为及处理方式。

📓 思考与练习

1. 在外卖平台开店前，商家首先需要准备哪些资料？

2. 商家在外卖平台上提供的菜品图片应满足哪些要求？

3. 外卖商家入驻时，必须提供哪种证明文件以确保食品安全？

任务3　发布产品

任务引入

　　李华在外卖运营师的帮助下成功申请了美团商家的账号，接下来打算把几款日常销量较好的菜品发布出去，好让消费者看到并促成下单。外卖运营师与李华沟通，了解了这几款面条的材料、做法、味道、特色等信息，收集并整理好素材后，进行了菜品的发布。

任务要求

　　◆ 了解李华面馆的菜品品类，进行分组整理。
　　◆ 收集并整理李华面馆各款菜品的信息、图片等资料。
　　◆ 将李华面馆的菜品进行发布与上架。

学习目标

　　★ 能对已掌握的商品信息进行筛选，整理出适用的商品资料。
　　★ 能根据商品发布流程完成商品的分组、新建与上架。
　　★ 提高整理归纳资料的能力以及独立思考、分析总结的能力，培养团队合作精神。

相关知识

一、商品分组

（一）商品分组的重要性

　　（1）提升用户体验：通过合理的商品分组，用户可以更快速地找到他们感兴趣的商品，提高购物效率；清晰的分组有助于用户了解美团平台上商品的多样性和丰富性，从而增加用户的满意度和忠诚度。

　　（2）促进销售增长：商品分组可以帮助商家更好地展示和推广新品，从而吸引用户的注意力，提升购买意愿；有针对性的分组可以增加用户对不同商品类别的了解，进而激发其购买欲望，促进销售额的增长。

　　（3）提高营销效果：美团可以通过分析用户的浏览和购买行为，将用户喜好的商品进行个性化分组推荐，从而提高营销的精准度和转化率；分组还可以帮助商家制定更有效的促销活动，通过集中展示参与促销的商品，吸引更多用户购买。

　　（4）塑造品牌形象：富有创意和特色的商品分组可以反映商家的品牌形象和特点，

从而提升品牌的认知度和影响力；通过精心设计的分组名称和描述，可以向用户传达商家的价值观和品牌理念，增强用户对品牌的信任度和好感。

（二）商品分组的设置（电脑端）

打开美团外卖商家中心，单击"商品管理"选项中的"商品列表"，选择"新建分组"（美团电脑端商品分组操作见图2-3-1）选项。

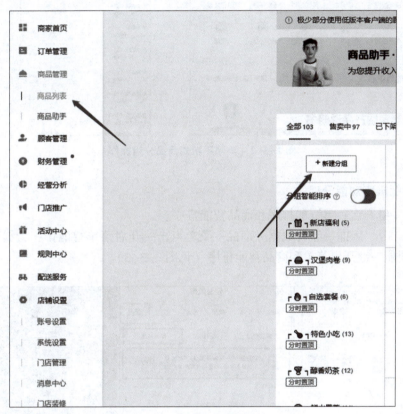

图2-3-1　美团电脑端商品分组操作

（三）商品分组的设置（手机端）

打开"美团外卖商家版"，然后按照"商品管理—管理分组—新建分组"（美团手机端商品分组操作见图2-3-2）的顺序依次点击操作。

（四）菜单和商品智能排序

1. 智能排序对商家的价值

（1）一键开启，提升店铺转化率。

商家可一键开启"菜单和商品智能排序"或选择"管理分组"选项下的"智能排序"，开启后，系统会基于商品销量、商品加购率等商品维度数据对菜单进行自动排序。根据平台的数据验证，开启智能排序更有助于店铺的转化！

（2）使用智能排序功能，系统会根据顾客喜好每日自动调整排序，轻松提升订单量，商家可安心做餐饮，不用再为研究菜单而费时费力！

图 2-3-2　美团手机端商品分组操作

2. 智能排序功能开启

（1）一键开启菜单智能排序和商品智能排序。

依次点击"店铺—经营数据—商品—菜单点击—开启菜单智能排序，提升下单转化率"，便能一键开启菜单和商品智能排序（见图 2-3-3）。

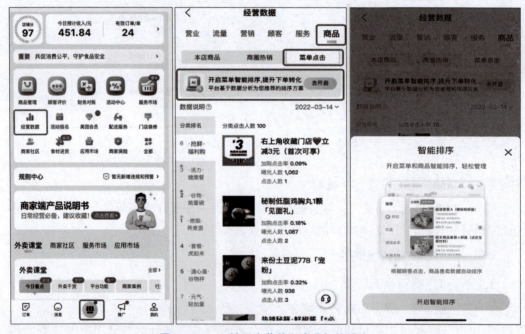

图 2-3-3　一键开启菜单和商品智能排序

（2）分开设置智能排序—开启商品分组智能排序。

依次点击"商品管理—管理分组—排序 & 批量操作—分组排序—智能排序"，便能开启商品分组智能排序（见图 2-3-4）。

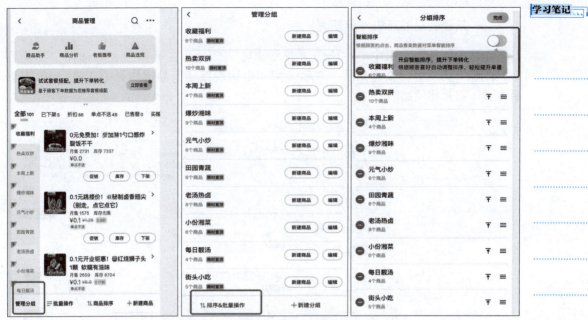

图 2-3-4　开启商品分组智能排序

（3）分开设置智能排序——开启商品智能排序。

依次点击"商品管理—商品排序—智能排序"，即能开启商品智能排序（见图 2-3-5）。

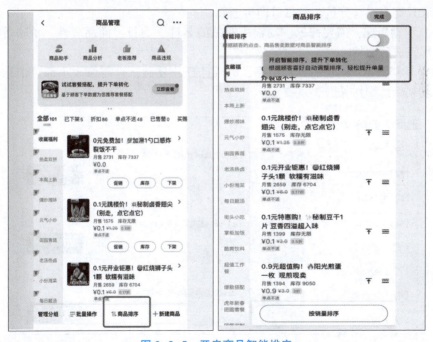

图 2-3-5　开启商品智能排序

（4）取消智能排序。

设置智能排序后，不能再手动调整排序，如想手动调整排序，可在开启入口处关闭智能排序功能。

二、新建商品的方法（电脑端）

打开美团外卖商家中心，单击"商品管理"选项，在下拉列表中选择"商品列表"选项，再选择"新建商品"选项（美团电脑端新建商品操作见图 2-3-6），有五种方式可以新建商品。

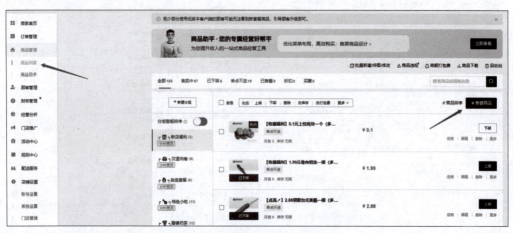

图 2-3-6　美团电脑端新建商品操作

（1）快速新建：系统智能建品，系统会根据商品名称自动匹配商品类目和部分信息，商家只需要完善分量、价格后即可上架。

（2）手动新建：需要商家手动输入商品的名称、类目、商品属性、价格等相关信息，全部完成后上架。

（3）复制新建：对已有的相似商品进行选择并复制，只需修改小部分信息（美团电脑端复制新建操作见图 2-3-7）。

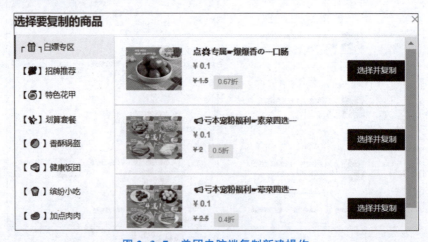

图 2-3-7　美团电脑端复制新建操作

（4）新建套餐：满足商家的套餐商品的设置，套餐分为固定搭配套餐和分组可选套餐（美团电脑端新建套餐操作见图 2-3-8）。固定搭配套餐内包含的商品种类及份数是固定的；分组可选套餐设置成客户可以根据需求进行自由搭配选择。

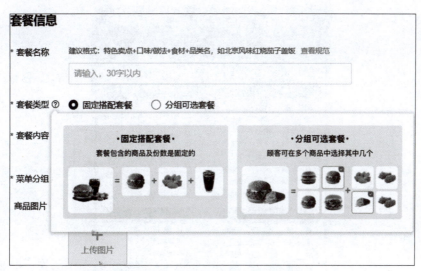

图 2-3-8 美团电脑端新建套餐操作

（5）批量新建。

美团电脑端批量新建操作见图 2-3-9。

图 2-3-9 美团电脑端批量新建操作

任务实施

一、李华的面馆主打杭州特色面，包括汤面、干面等，请根据面馆价目表（见图 2-3-10），帮助李华的美团店铺设置商品分组，填在表 2-3-1 中。

图 2-3-10　面馆价目表

表 2-3-1　美团店铺的商品分组

组名	商品

二、请整理出商品发布的流程。

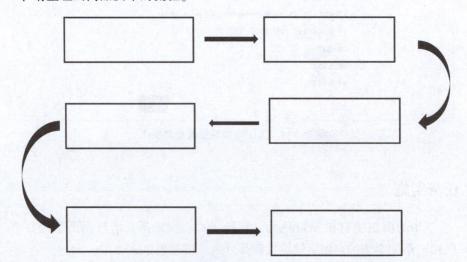

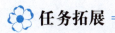

任务拓展

查找资料，梳理美团手机端发布商品的流程，并将之与电脑端的操作进行对比，明确两者之间有什么区别。

思考与练习

1. 美团外卖商家发布新商品时，首先需要做什么？（　　　）

A. 登录美团外卖商家后台　　　　　B. 直接在移动应用上填写商品信息

C. 联系美团客服　　　　　　　　　D. 等待美团审核

2. 商家在添加新商品时，需要填写哪些信息？（　　　）

A. 商品名称和价格　　　　　　　　B. 商品描述和图片

C. 商品库存和类目　　　　　　　　D. 所有以上信息

3. 商家发布新商品后，顾客在哪里可以看到这些商品？（　　　）

A. 美团外卖平台　　　　　　　　　B. 商家自己的网站

C. 其他电商平台　　　　　　　　　D. 社交媒体平台

4. 关于商品图片，以下哪个说法是正确的？（　　　）

A. 商品图片不是必须的

B. 商品图片可以随意选择，无须考虑质量

C. 商品图片需要清晰、美观，能够展示商品特点

D. 商品图片只能上传一张

5. 商家发布商品后，如果发现信息有误，可以如何进行修改？（　　　）

A. 无法修改，只能重新发布

B. 联系美团客服进行修改

C. 在商品管理页面编辑并保存修改

D. 等待顾客反馈后再修改

任务 4　装修店铺

任务引入

在美团外卖平台上，商家店铺的装修设计直接关系到用户的下单率和商家的销售额。所以如何打造一家漂亮、实用且精致的店铺成了商家不得不面对和解决的问题。李华在外卖运营师的帮助下成功开起了店铺，并且上传了商品，接下来就需要进行店铺装修，让店铺的整体风格更加统一美观，以吸引顾客进入店铺。

任务要求

◆ 对李华提供的素材进行筛选整理。
◆ 能用整理好的素材进行店铺装修。

学习目标

★ 能通过分析店铺结构总结出店铺装修所包含的模块。
★ 能通过对比不同的店铺装修来判断装修的好坏。
★ 能使用店铺模板进行简单的店铺装修。
★ 提高查找、筛选信息的能力以及审美评判的能力。

相关知识

一、外卖店铺装修的重要性

店铺的形象决定了当顾客在快速浏览众多商家时，哪些店铺能瞬间吸引顾客的注意力。

以下是一个成功的店铺装修案例（见图 2-4-1）：这是一家大学城商圈的炒鸡类店铺，运营经理参考商圈消费群体的属性以及店铺商品的调性，LOGO 就用店内的招牌菜品藤椒鸡的图片，店名直接用"藤椒大盘鸡"，让顾客看一眼就知道这家店铺是卖什么的，同时还增加了"你早晚都要吃的大盘鸡"这类能够吸引学生顾客的文案，以此增加进店转化率。无论是浏览店铺的外表，还是进店仔细观察，整个店铺的质感都能给用户留下深刻印象。

二、美团外卖店铺装修模块

根据最新的美团外卖客户端显示，打开店铺的首页后，相关信息是按照如下顺序

图 2-4-1　成功的店铺装修案例

予以呈现的：菜单设计和菜品图片>菜品描述>海报>店招>店铺公告。因此，美团外卖店铺装修包含多个模块，有 LOGO 设计、店铺招牌、菜单排序、菜品图片、核心卖点、店铺海报等。

（一）LOGO 设计

LOGO 是吸引顾客的重要因素，应做到具有原创性、独特性，能体现出店铺的品牌特色，并容易被发现和分辨；易识别，能够传递出品牌的产品特色或定位，能让顾客产生好的联想并方便他们记忆（LOGO 设计案例见图 2-4-2）。

图 2-4-2　LOGO 设计案例

（二）店铺招牌

店铺招牌一般位于店铺首页的最上方，官方对这部分图片的定位要求是：制造氛围、打造质感。好的店铺招牌能够与店铺的整体特征相结合，从而起到极好的强化品牌认知的作用（店铺招牌设计案例见图 2-4-3）。

图 2-4-3　店铺招牌设计案例

（三）菜单排序

菜单排序要符合点菜规律，能有效引导顾客下单：先展示主营菜品，后展示凑单小菜，分类不可繁杂或冗长，应尽量减少顾客的选择思考时间（菜单排序案例见图 2-4-4）。

图 2-4-4　菜单排序案例

（四）菜品图片

菜品图片的要求是：格调统一、食材明确、清晰度高。菜品永远是餐饮行业的核心竞争力。在外卖平台上评分接近的商铺中，好的菜品图能极大地提高下单转化率。

下面两张大盘鸡图片都是商家自用的（见图 2-4-5），只要一对比我们就明显能看出图（a）更好。菜品图片应在光线充足的暖光下进行拍摄，可以适当地使用滤镜来突出食材颜色的对比。应最大限度地展示食材，生的食材比熟的颜色更好。商铺内所有图片的背景和角度最好一致，大小尺寸也要一致，保证风格的统一。

（a）　　　　　　　　　　（b）

图 2-4-5　大盘鸡商家自用图片

（五）核心卖点

详细的产品描述、核心卖点以及产品标签，能打消顾客顾虑，提升下单转化率（产品描述案例见图 2-4-6），如果能详细写出产品做法以及食材的选择，则更能增强顾客的下单决心，提升店铺的印象品质。

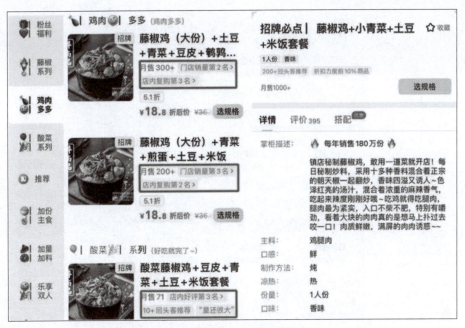

图 2-4-6　产品描述案例

（六）店铺海报

店铺海报可分为两类：品牌文化宣传海报和主题营销活动海报。

（1）品牌文化宣传海报主要针对其品牌具有历史文化特色的店铺，海报内容是为了宣传品牌的历史或产品工艺，从而吸引顾客的注意，增强顾客黏性（品牌文化宣传海报案例见图 2-4-7）。

图 2-4-7　品牌文化宣传海报案例

（2）主题营销活动海报以突出店铺折扣商品、收藏店铺有礼、进店领券等内容为主，通过活动来吸引顾客的注意，提高顾客的下单意愿（主题营销活动海报案例见图 2-4-8）。

图 2-4-8　主题营销活动海报案例

二、店铺装修方法

打开美团外卖商家中心，单击"店铺设置"选项，选择"店铺装修"（见图 2-4-9），然后为各个模块选择合适的模板、颜色、图片、文字并进行添加。

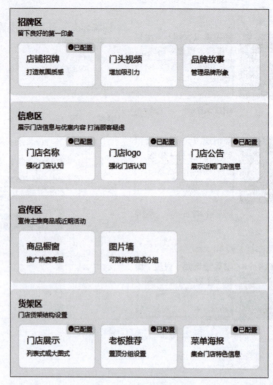

图 2-4-9　店铺装修

任务实施

一、仔细观察下面的美团外卖店铺——粥百家（见图 2-4-10），分析并写出其店铺首页包含的模块。

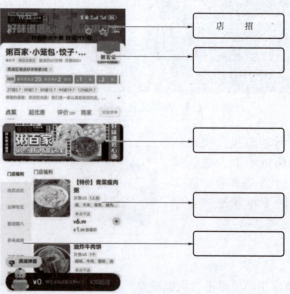

图 2-4-10　美团外卖店铺——粥百家

二、试从店铺首页包含的模块及其内容等方面对比、分析两个美团店铺的装修（见图2-4-11），填写表2-4-1。

图2-4-11 两个美团店铺的装修

表2-4-1 店铺装修对比分析

内容	饭爵便当	遵义羊肉粉
LOGO		
店招	采用卡通形象，配以文字"大碗便当，这饭太绝了"，直观地突出商品的特点：量大、美味	
菜单分组		
图片		

❀ 任务拓展

打开美团外卖，找一家你认为装修不错的店铺进行分析，并进行要点总结。

思考与练习

1. 在美团外卖店铺装修中，哪个因素对提高顾客下单转化率最为关键？（　　）

A. 店铺名称的创意性 　　　　　　　　B. 店铺 LOGO 的设计

C. 店铺海报的美观度 　　　　　　　　D. 菜品图片的真实性

2. 美团外卖店铺海报的主要分类不包括以下哪一项？（　　）

A. 品牌文化宣传海报 　　　　　　　　B. 菜品推荐促销海报

C. 主题营销活动海报 　　　　　　　　D. 顾客评价展示海报

3. 在美团外卖店铺装修中，店铺海报的作用是什么？（　　）

A. 展示店铺历史 　　　　　　　　　　B. 展示店主个人照片

C. 展示店铺特色和优惠活动 　　　　　D. 展示店铺地址和联系方式

4. 美团外卖店铺的菜品图片应该如何选择？（　　）

A. 使用模糊不清的图片以增加神秘感　　B. 使用专业摄影师拍摄的高清图片

C. 使用网络上随便找到的图片 　　　　D. 使用店主的自拍照片作为菜品图片

5. 美团外卖店铺装修时，店铺招牌应该如何选择？（　　）

A. 使用店铺实景照片作为招牌 　　　　B. 使用动漫形象作为招牌

C. 使用简洁明了的文字作为招牌 　　　D. 使用任意图片作为招牌

任务 5　营销活动

任 务 引 入

李华发现近期餐厅的订单量很少，希望通过设置一些营销活动来吸引更多的顾客，增加订单量，并提高餐厅的知名度。外卖运营师接到任务后对店铺进行了分析，并且进行了营销活动的设置。

任 务 要 求

◆ 清楚外卖平台营销活动的类型及作用。
◆ 根据店铺实际情况准确设置营销活动。

学 习 目 标

★ 能通过查阅相关资料梳理出外卖平台营销活动的类型及含义。
★ 能通过对不同活动的对比分析总结出营销活动的作用。
★ 能仿照参考案例进行店铺营销活动的设置。
★ 培养商业思维和创新思维，树立成本意识。

相关知识

一、营销活动的类型

营销活动的类型见图 2-5-1。

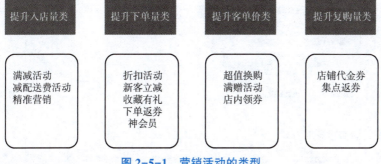

图 2-5-1　营销活动的类型

（一）提升入店量类

（1）满减活动：顾客下单满足条件后可享受减免优惠；与折扣商品、第二份半价、店外发券互斥（部分城市满减与折扣可择优选择）。

（2）减配送费活动：减配送费活动是指商家替用户承担配送费的一种活动形式。

（3）精准营销：精准营销是对特定人群发放优惠券的一种营销行为。

（二）提升下单量类

（1）折扣活动：顾客购买指定商品可享受折扣优惠。

（2）新客立减：首次在店铺下单的顾客能享受新客立减活动（与其他所有活动同享）。

（3）收藏有礼：店铺点菜页面可增加收藏提示，收藏店铺即可领取优惠券。

（4）下单返券：顾客下单满足条件后可收到一张代金券。

（5）神会员：是面向平台会员顾客的一种商家红包类的营销工具。

（三）提升客单价类

（1）超值换购：当顾客下单达到一定数额后，可获得换购特惠商品的机会，例如，下单满 25 元，可获得 1 次 1 元购可乐的特权。

（2）满赠活动：订单满足指定金额后，可赠送指定产品。

（3）店内领券：活动生效后顾客进入店铺首页店内领券区域即可领取相应代金券。

（四）提升复购量类

（1）店铺代金券：一般为多张券打包售卖，可提升顾客下单频次。

（2）集点返券：顾客购买多单/多件商品，可获得一张店铺代金券。

二、营销活动设置

（1）满减活动基础信息设置（见图 2-5-2）。

图 2-5-2　满减活动基础信息设置

（2）减配送费活动创建（见图 2-5-3）。

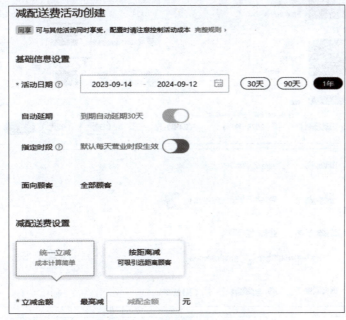

图 2-5-3　减配送费活动创建

（3）精准营销设置（见图 2-5-4）。

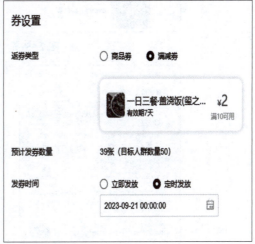

图 2-5-4　精准营销设置

（4）折扣商品设置（见图 2-5-5）。

（5）神会员活动报名（见图 2-5-6）。

（6）门店新客立减活动创建（见图 2-5-7）。

（7）收藏有礼活动创建（见图 2-5-8）。

（8）下单返券活动创建（见图 2-5-9）。

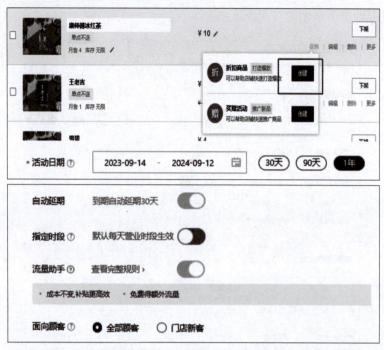

图 2-5-5　折扣商品设置

图 2-5-6　神会员活动报名

门店新客立减活动创建

同享 可与其他活动与红包同时享受，配置时请注意控制活动成本 完整规则 ›

基础信息设置

* 活动日期 ⑦ | 2023-09-14 - 2024-09-12 📅 | 30天 90天 **1年**

自动延期 到期自动延期30天 ⬤

面向顾客 ⑦ 门店新客

新客立减设置

* 减去金额 门店新客立减 [减去金额] 元

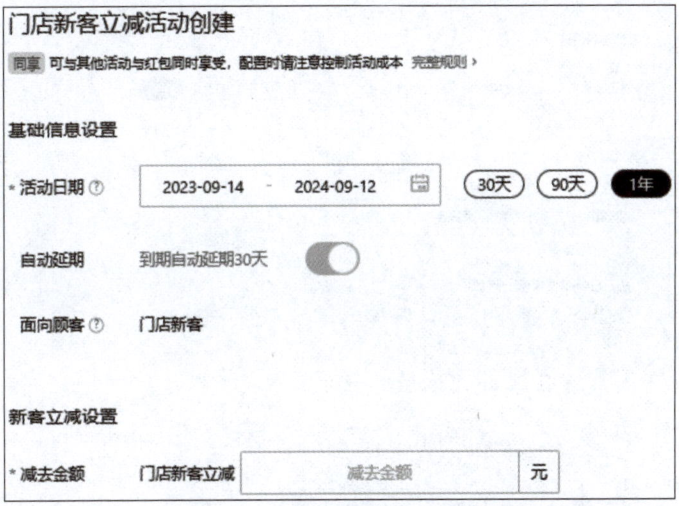

图 2-5-7 门店新客立减活动创建

收藏有礼活动创建

同享 可与其他活动同时享受，配置时请注意控制活动成本 完整规则 ›

基础信息设置

可领顾客 ⑦ 新粉丝

券规则设置

一日三餐·盖浇饭(望之湾... 新粉丝 | ¥ -
领取日起7天有效 | 不限量 | 满¥-可用

* 券类型 ◉ 店铺券 ○ 商品券

* 券金额 [优惠金额] 元

* 使用门槛 [门槛金额] 元

使用有效期 [领取后7天内有效 ⌄]

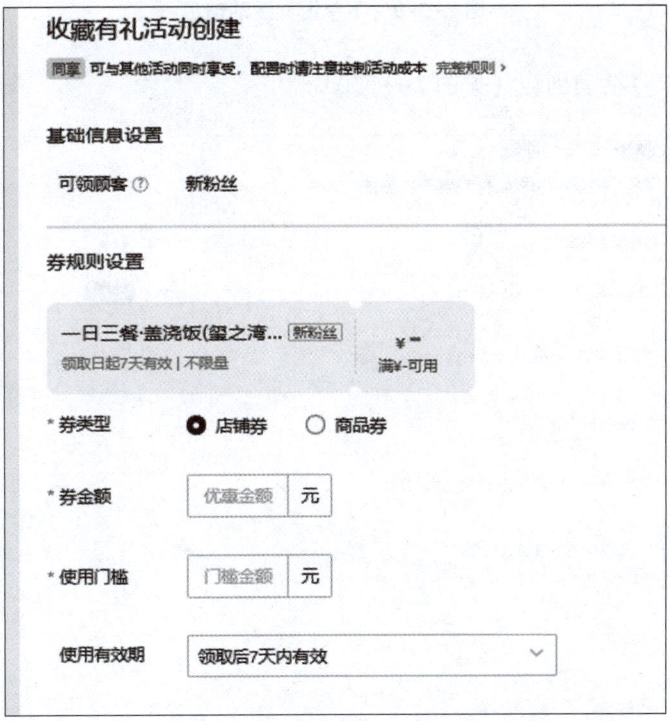

图 2-5-8 收藏有礼活动创建

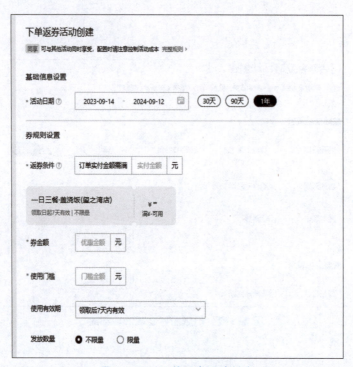

图 2-5-9　下单返券活动创建

（9）店内领券活动创建（见图 2-5-10）。

图 2-5-10　店内领券活动创建

（10）满赠活动创建（见图 2-5-11）。

图 2-5-11　满赠活动创建

（11）超值换购活动创建（见图 2-5-12）。

图 2-5-12　超值换购活动创建

（12）集点返券基础信息设置（见图 2-5-13）。

（13）外卖代金券活动创建（见图 2-5-14）。

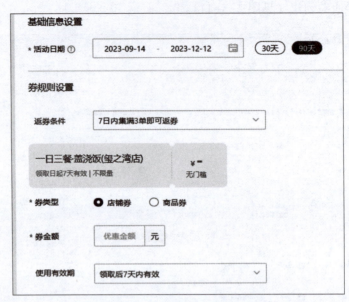

图 2-5-13　集点返券基础信息设置

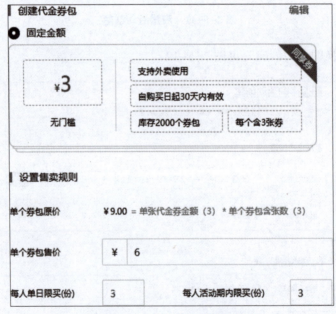

图 2-5-14　外卖代金券活动创建

三、外卖平台营销活动的设置

（一）美团外卖平台的营销活动设置

打开美团外卖商家中心，单击"活动中心"选项，再选择相应的营销活动进行设置（美团活动中心页面见图 2-5-15）。

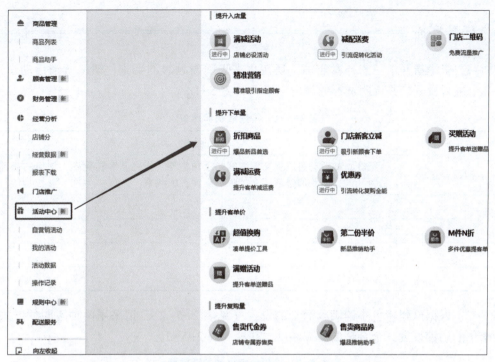

图 2-5-15　美团活动中心页面

（二）饿了么外卖平台的营销活动设置

打开饿了么外卖商家中心，依次单击"营销中心—活动中心"选项，再选择相应的活动进行设置（饿了么营销中心页面见图 2-5-16）。

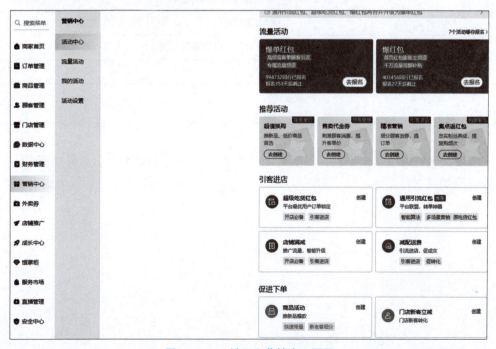

图 2-5-16　饿了么营销中心页面

学习笔记

任务实施

一、李华新开了一家外卖店铺，现在急需吸引新顾客的到来，请从营销活动中选择几个进行设置，并说明选择的理由，填入表 2-5-1。

表 2-5-1 营销活动和理由

营销活动	理由
店铺新客立减	新客立减活动可以提高新顾客的下单意愿，提高新客转化率，李华的店铺是新开的，需要通过新客立减吸引新顾客的到来

二、根据徐州特色小铺满减活动的设置（见表 2-5-2），请采用两种不同的方式，为李华的店铺设置一个合理的满减额度，并填入表 2-5-3。

表 2-5-2 徐州特色小铺的满减活动

店名	基础活动/元
徐州特色小铺	10 减 5　35 减 10 50 减 15　88 减 22

表 2-5-3 李华店铺的满减活动

店名	基础活动	基础活动
李华的店铺	匹配商圈竞对并小幅度碾压商圈竞对	错档竞争

任务拓展

查看美团官网或其他平台，了解美团外卖平台市场营销规则中哪些营销活动是违规的，应如何规避。

思考与练习

1. 在美团外卖的营销活动中，哪种活动可以用来提高店铺的排名和曝光？（　　）

A. 满减活动　　　　B. 会员活动　　　　C. 折扣商品　　　　D. 减配送费

2. 以下哪个不是美团外卖营销活动的目的？（　　）

A. 提升品牌知名度　　　　　　　　B. 减少员工数量

C. 提高顾客忠诚度　　　　　　　　D. 扩大市场份额

3. 哪种营销活动可以增加顾客黏性？（　　）

A. 满减活动　　　　　　　　　　　B. 限时抢购

C. 会员制度优化　　　　　　　　　D. 社交媒体营销

4. 美团外卖平台上哪种营销活动通常被用于吸引新顾客注册并首次下单？（　　）

A. 折扣券　　　　　　　　　　　　B. 会员专享活动

C. 新客立减　　　　　　　　　　　D. 分享有奖活动

5. 在美团外卖平台上，店铺满减活动的目的是什么？（　　）

A. 增加顾客黏性　　　　　　　　　B. 提高顾客忠诚度

C. 提升曝光量和进店转化率　　　　D. 扩大市场份额

任务引入

为了吸引更多的顾客，李华需要认真设置和管理美团外卖店铺的相关信息。此举的目的是确保顾客能够轻松找到他的店铺，方便顾客了解店铺的详细信息，并且对店铺产生信任感。

任务要求

◆ 帮助李华完成店铺基本信息的设置。
◆ 为李华的店铺选择合适的门脸照片。
◆ 为李华的店铺设计一个店铺头像。

学习目标

★ 能对信息进行整理并完成店铺基本信息的填写。
★ 能根据门脸牌匾选择的注意事项上传门脸图。
★ 能根据店铺的现实需求设定一个店铺公告。
★ 能根据店铺头像选择要点设计一个店铺头像。
★ 能按照店铺信息设置流程完成店铺信息的填写。
★ 培养商业思维和创新思维，提高审美评判能力。

相关知识

一、店铺信息设置

（一）店铺信息

1. 店铺名称

店铺名称也是品牌形象的一部分，一个好的店铺名称有助于塑造和提升品牌形象。在店铺名称中加入主营品类或餐品信息，能更直观、精准地吸引到目标顾客群体，从而提升店铺的搜索量和曝光率。

店铺名称设置的技巧包括如下几个方面。

（1）简单顺口：店铺名称应简单易懂，方便顾客记忆和口头传播。

（2）突出卖点：可以围绕经营品类或主打菜品取名，以便顾客在短时间内识别店铺的经营内容。

（3）避免生僻字：避免使用需要切换多次输入法才能找到的生僻字，以确保顾客能够轻松输入店铺名称和搜索到店铺。

（4）长度适中：店铺名称不宜过长，以免在顾客的设备上显示折叠，影响顾客的阅读和记忆。一般来说，12个字是极限。

（5）避免非授权品牌名称：没有授权的品牌名称和关键字眼不要使用，以免审核不通过。

（6）增加价值感：可以在店名中加入体现硬性价值或软性价值的信息，以提升顾客的进店转化率。例如，"五星大厨盖浇饭"传递了厨师级别高的信息，"妈妈菜盖浇饭"则给人熟悉和温暖的感觉。

2. 门脸牌匾

（1）清晰度：图片必须清晰、明亮，以确保顾客能够清楚地看到店铺名称和门牌。模糊的图像会给顾客留下不专业的印象，降低信任度。

（2）拍摄要求：门脸图必须到店拍摄，且应包含完整的店铺牌匾及完整的店铺正门。这样可以让顾客对店铺有一个直观的认识，并提升店铺形象。

（3）营业状态：拍摄门脸图时，店铺必须处于营业状态。关闭的卷帘铁门、标示"暂不营业""正在装修""转让""关闭"等信息的图片将不被接受。

（4）图片真实性：门脸图不得使用图片处理软件进行处理，包括拼图、打马赛克、Photoshop合成等。同时，也不能使用网络图片、手机截图或带有水印（包括美团网水印）的图片。这些规定旨在确保图片的真实性和准确性。

（5）固定经营场所：美团外卖商家必须有固定的经营场所，门脸图应体现出这一点。流动餐车、无固定店铺的商家或横幅、贴纸等临时性牌匾将不被接受。

（6）整洁度：门脸图必须保持干净整洁，无杂乱物品。这有助于提升店铺形象，给顾客留下良好的第一印象。

（二）地址管理

店铺的地址填写要做到详细、准确。准确填写店铺所在的街道和门牌号，至少须包含"××路××号"这一基本信息，避免无法检索和定位的情况发生，不要只填写"××楼下""××左侧100米""××商厦首层""××地铁站D出口向北100米"这类的信息，如要保留，则先须保证门牌号填写准确。

例如，天津市河北区建昌道街道金钟河大街245号中国铁建广场三层3F-N320-N323号。

（三）基本信息

1. 店铺公告

（1）设置简单的欢迎语。

使用简洁明了、平易近人的语言来和顾客打招呼，如"新店开业，期待您的光临"等。

（2）发布店铺活动信息。

可以把公告栏当作广告宣传栏，发布店铺的优惠活动、特价商品等信息。例如，满减活动、现金券返还或者新菜品推出等。

（3）店铺详细介绍。

在公告中简要介绍店铺的特色、历史背景等。可以包含地址、联系方式以及产品概述，但要注意控制字数，内容要有所选择，突出重点。

（4）选择重点要素。

可以强调店铺的经营理念、餐厅规模等。注意避开广告法禁用词，确保公告内容合规。在公告中写清楚一些必要的提示语，如产品尺寸、配送时间等，以便顾客了解并避免不必要的误会。

（5）定期更新。

根据店铺的实际情况和活动变化，定期更新公告内容，保持其时效性和吸引力。

（四）品类和头像

1. 经营品类

美团外卖店铺的经营品类应主要根据店铺所提供的食品和服务来确定。如下两种是比较常见的分类方式。

中式快餐/简餐：盖浇饭、炒饭、面条、饺子等。

地方特色菜：川菜、粤菜、湘菜、鲁菜等各地特色菜系。

2. 店铺头像

（1）图片质量。

清晰度：店铺头像需要清晰可见、不模糊，以展示店铺的专业形象。

色彩：选择色彩鲜明、对比度适中的图片，以吸引顾客的注意力。

（2）内容相关性。

店铺头像应与店铺的主营业务或品牌形象相关。例如，如果是餐饮店，可以使用美食图片；如果是花店，可以使用花卉图片。

避免使用与店铺无关的图片，以免给顾客造成混淆。

（3）辨识度和美观。

店铺头像应具有辨识度，能够让顾客在众多店铺中一眼认出。美观也是重要因素，一个吸引人的店铺头像能提升顾客的好感度。

（4）符合平台规定。

遵守美团平台对于店铺头像的尺寸、格式和上传频率等方面的规定。确保图片不包含违规内容，如暴力、色情元素等。

（5）品牌一致性。

如果店铺有统一的品牌形象或标志，店铺头像应尽量与之保持一致。这有助于加深顾客对品牌的印象，提升顾客的忠诚度。

（6）定期更新。

虽然美团对于更换店铺头像的频率有限制，但商家可以在允许的范围内定期更新头像。这有助于保持店铺的新鲜感，吸引顾客的关注。

（7）避免版权问题。

确保使用的图片没有版权问题，避免侵权纠纷。可以使用自己拍摄的图片或者购买正版图片。

（五）营业设置

营业设置包括对营业日期和营业时段的设置，见图2-6-1。

1. 营业日期

根据店铺的实际营运时间进行设置，如店铺周一店休，那就在设置时不选择周一。

2. 营业时段

根据店铺的实际营运时间进行设置，也可以进行分段设置。

图 2-6-1　营业设置

二、美团打印机设置

（一）常见的打印机

外卖店铺最常见的是蓝牙打印机和美团云打印机，两者的差异对比见图2-6-2。

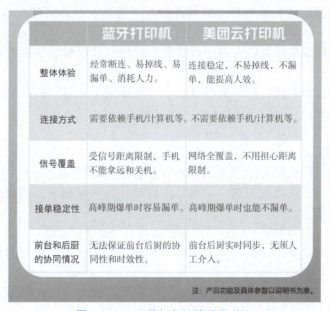

图 2-6-2　两种打印机的差异对比

（二）蓝牙打印机连接

1. 打印机连接前的注意事项

（1）蓝牙打印功能的实现需要手机支持蓝牙功能，并要确保手机蓝牙已打开。

（2）蓝牙打印的有效距离在15米内，请尽量保持手机和打印机之间无过多障碍物。

（3）第一次使用手机连接蓝牙打印机，需要5~10秒来建立连接，请耐心等待。

学习笔记

2. 安装蓝牙打印机

请按照如下步骤安装蓝牙打印机。

① 启动打印机。连接电源，在打印机背面或侧面打开电源开关，看到电源指示灯POWER 蓝灯亮起，即表示打印机已启动。

② 确认打印机是否被识别。

如打印机被识别，则"设备管理器"页面中"通用串行总线控制器"选项内将显示：USB 打印支持或 USB Printing Support；未被识别时，则需断开连接后再尝试重新连接。

请按照如下步骤安装非 USB 接口的打印机。

① 查看打印机后面的小票标签，确认打印机接口和型号。

② 安装驱动。

③ 检查驱动安装是否成功。

④ 安装成功："设备和打印机"页面显示所安装的打印机图标，并可以测试打印。

⑤ 安装失败：请检查打印机端口设置是否正确，端口设置在打印机属性里面进行，请根据打印机接口类型选择相应端口。

3. 如何连接蓝牙打印机

（1）手机端。

商家登录美团外卖商家版 App，在右下角找到"我的—打印设置—添加蓝牙打印机"，进入蓝牙连接界面进行打印机配置。

第一步：选择自己的蓝牙打印机并进行配对连接，蓝牙打印机连接密码通常为：0000 或 1234。

第二步：连接成功后可以在打印设置里面设置打印联数、字体大小以及是否打印订单号条形码等。

注：如果在搜索和连接打印机的过程中出现搜索不到打印机或是能搜索到打印机但连接不上的情况，可以尝试重启打印机和手机。

手机端连接蓝牙打印机见图 2-6-3。

（2）电脑端。

第一步：将打印机的 USB 数据线接入计算机的 USB 接口。

第二步：查看打印设置页面，如果打印机被计算机识别了，就会在打印设置页面显示连接成功标志。

第三步：进入打印测试页面，看是否能正常打印出测试小票。

第四步：测试小票打印正常即表示已正常连接打印机，可在美团外卖商家端进行相关打印设置。

如果打印机连接计算机后在打印设置页面没有显示出"USB 打印支持"或者"已连接"标志，那么打印机就没有被计算机识别，此时需要：

a. 检查打印机电源是否已打开、打印机数据线是否已连接好；

b. 若数据线是好的，可以换计算机上其他的 USB 接口重新尝试连接；

c. 部分打印机需要安装打印机驱动程序。

4. 进行测试下单，确保打印机的正常使用

再次全面检查各项接单设备（手机、打印机、POS 机等可能用于处理外卖订单的设备），然后在店铺测试下单。

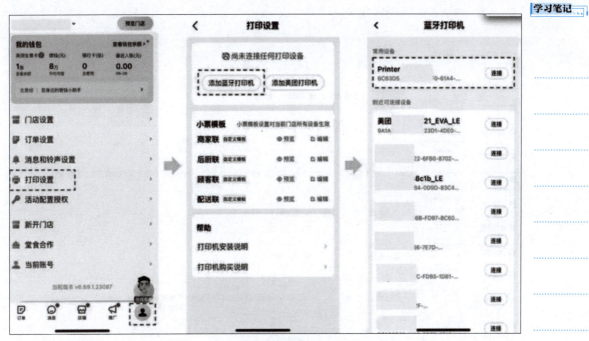

图 2-6-3 手机端连接蓝牙打印机

三、店铺设置途径

（1）美团店铺设置途径（见图 2-6-4）。

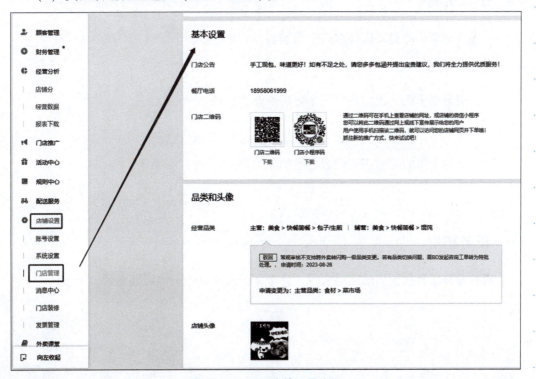

图 2-6-4 美团店铺设置途径

（2）饿了么店铺设置途径（见图2-6-5）。

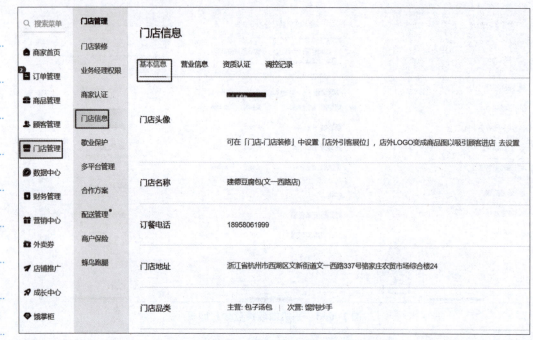

图 2-6-5　饿了么店铺设置途径

任务实施

一、请为李华的美团店铺取三个店铺名。

二、请为李华的美团店铺写一个新店开业的公告。

三、请为李华的美团店铺设置合适的品类。

任务拓展

请参考美团其他面馆的店铺头像，为李华的面馆设计一个店铺头像。

思考与练习

1. 在美团设置店铺信息时，哪个选项不是必须的？（　　）

A. 店铺名称　　　　　　　　　　B. 店铺地址

C. 店铺电话　　　　　　　　　　D. 店长姓名

2. 美团店铺的营业时间如何设置？（　　）

A. 无法设置　　　　　　　　　　B. 必须全天营业

C. 根据店铺实际情况设置　　　　D. 统一设置为 8：00—22：00

3. 关于美团店铺的联系电话，以下哪个说法是正确的？（　　）

A. 只能填写一个电话号码　　　　B. 电话号码可以随意填写

C. 必须填写真实有效的电话号码　D. 电话号码不需要审核

4. 美团店铺的地址设置有什么要求？（　　）

A. 可以填写任意地址　　　　　　B. 地址长度没有限制

C. 必须填写真实有效的地址　　　D. 地址不需要审核

5. 关于美团店铺的营业状态，以下哪个说法是错误的？（　　）

A. 可以根据实际情况调整营业状态

B. 营业状态不需要审核

C. 如果选择"暂停营业"，团购和预定的产品将无法购买和使用

D. 营业状态的设置对顾客可见

项目二　任务评价

　　完成本项目任务的学习后，请对任务过程和结果的质量进行评价及总结，并填写任务评价表。自我评价由学习者本人填写，小组评价由组长填写，教师评价由任课教师填写。

任务评价表

项目	评价内容	组别			
		评价标准			
		所占分值	自我评价（30%）	小组评价（20%）	教师评价（50%）
准备阶段	学习准备充分，具备责任心	5			
过程管理	1. 遵守纪律，服从管理	5			
	2. 实施过程安全合理	10			
	3. 有较强的自学能力和团队意识	5			

续表

项目	评价内容	组别			
		评价标准			
		所占分值	自我评价（30%）	小组评价（20%）	教师评价（50%）
任务实施	1. 阐述外卖平台的名称、主营范围	5			
	2. 正确梳理外卖商家账号的申请流程	10			
	3. 按照规范完成产品的发布	15			
	4. 按照要求对店铺进行装修操作	5			
	5. 按照要求正确设置营销活动	10			
	6. 按照要求正确设置店铺信息	10			
实施成效	1. 按时完成任务	10			
	2. 遵守 7S 的工作要求	10			
小组评语及建议		指导教师： 　　　　年　　　月　　　日			

项目三

流量获取：
店铺展现必经路

项目概述

随着市场竞争的加剧，如何有效地获取和转化流量，成为商家能否在平台上取得成功的关键。本项目旨在探讨和分析平台流量获取的策略和方法，帮助商家提高曝光度和增加订单量。按照一定的策略，通过一定的方法，在内容设置、广告投放、营销策略、优惠活动等方面进行优化，确保各项措施得到有效执行，为制定提升店铺流量的解决方案提供思路。

明确流量获取的渠道和展现的位置，是外卖运营师做好店铺运营工作的必修课之一，本项目安排了四个任务，引导学生从认识流量、免费流量解析、付费流量解析、平台流量获取这四个方面系统地学习外卖流量获取及提升的基本知识，掌握提升店铺流量的方法和技巧。

项目三　项目资讯

任务1 认识流量

任务引入

某麻辣烫新店开业，在前期测试中，菜品的口味得到了大众的认可，店铺也十分干净整洁。老板对经营情况非常期待，不仅在平台上进行了配送优化，还很重视顾客评价，但是订单量一直起伏不定。若花钱做活动，则可能活动当天爆单，但不做活动的时候，消费者就寥寥无几。为此，老板专门请教了外卖运营师，发现在后台还有曝光、进店、进店转化率、下单转化率等非常多的专业指标，在影响着店铺的展现情况。

请结合合案例资料，分析美团外卖的曝光来源及构成（付费和免费）。

任务要求

◆ 深入了解美团平台外卖板块流量的具体来源。

◆ 深入了解美团平台外卖板块免费流量包含的具体模块，明确自然流量的来源入口。

◆ 深入了解美团平台外卖板块付费流量包含的具体模块，明确付费推广流量的数据维度。

学习目标

★ 能通过查找资料明确美团外卖的曝光来源及入口。

★ 能通过分析资料总结美团外卖免费流量的定义和构成。

★ 能通过分析资料总结美团外卖付费流量的定义和构成。

★ 能养成小组合作的团队意识，提高分析总结问题的能力、逻辑思维能力、价值判断能力。

相关知识

一、流量的含义

流量是指在外卖平台上，单位时间内通过特定口径进入外卖店铺的目标群体人数。它直接影响到外卖店铺的曝光率、订单量和业绩。有很多影响外卖流量的因素，如促销活动、线上排名、好评度、营业时间等。

二、美团外卖的曝光

美团外卖的曝光是指店铺或商品在美团外卖平台上被平台用户看到或发现的次数。

曝光是外卖业务中非常关键的指标之一，因为它直接影响到潜在顾客的数量和订单量。

（一）自然流量

自然流量是美团外卖平台根据算法自动分配给商家的流量，通常与商家的店铺排名、历史销量、评价等因素有关。自然流量是商家获取曝光的主要途径之一，也是商家提升曝光率的重要基础。自然流量来源具体包含以下入口（见图 3-1-1）。

自然流量来源（次数）

曝光渠道不再拆分流量类型，请到推广模块查看付费流量数据，点击查看

曝光渠道 ⑦	曝光次数 ⑦	入店次数 ⑦	点击率 ⑦
商家列表 ⑦	1,394	56	4.0%
订单页面 ⑦	318	36	11.3%
搜索 ⑦	273	32	11.7%
其他 ⑦	81	2	2.5%
我的 ⑦	29	1	3.4%
购物车 ⑦	7	1	14.3%
首页展位 ⑦	2	--	--%
频道页展位 ⑦	--	--	--%

图 3-1-1　自然流量来源入口

商家列表：店铺在"首页"和"美食"／"甜点饮品"频道，"附近商家"和"发现好菜"列表中的曝光。

订单页面：店铺在"订单"页面中的曝光。

搜索：店铺在用户主动搜索商品或店铺时的曝光。

其他：店铺在所有非上述渠道中的曝光，包括天降红包、订单、代金券等。

我的：店铺在"我的"页面中，包括在"我的收藏""我的足迹"等页面中的曝光。

购物车：店铺在"购物车"页面中的曝光。

首页展位：店铺在首页"顶部横幅""优选好店""铂金展位"中的曝光。

频道页展位：店铺在"美食"／"甜点饮品"频道，"铂金展位"和"今日套餐推荐"中的曝光。

（二）付费推广流量

商家可以通过美团外卖平台提供的付费推广工具，如点金推广、铂金展位、一站式推广、超级流量卡等，增加店铺的曝光量。付费推广可以让商家在短时间内获得大量曝光，提高订单量。付费推广流量产品具体包含以下入口（见图 3-1-2）。

付费推广流量的数据维度有如下几个方面。

"推广花费"：统计日期内，店铺推广产生的费用，包括现金花费和红包花费，不包括抵用券抵扣金额。

"推广曝光量"：统计日期内，店铺在推广位置被顾客看到的次数，曝光次数越多越容易获得更多订单。

"推广进店量"：统计日期内，店铺在推广位置被顾客点击的次数，进店次数越多

图3-1-2 付费推广流量产品入口

越容易获得更多订单。

"进店率"：统计日期内，进店率=推广进店量/推广曝光量。

"单次进店成本"：统计日期内，单次进店成本=推广花费/推广进店量。

任务实施

一、流量的定义。

（1）免费流量。

_____

_____

_____

（2）付费流量。

_____

_____

_____

二、付费流量的计费方式。

（1）点金推广付费。

_____

_____

_____

（2）超级流量卡付费。

_____

_____

_____

（3）一站式推广付费。

_____

_____

（4）铂金展位（美团、饿了么）付费。

_____

_____

_____

❀ 任务拓展

搜集美团、饿了么外卖平台中的优质店铺，查看其流量构成，评估店铺的经营情况。

📝 思考与练习

1. 思考：商家在美团外卖上的曝光率特别低，可能存在什么问题？列举三个你觉得最重要的问题并进行详细说明。

2. 思考：为了提高在美团外卖的曝光量，商家可能可以采取什么措施？列举三个你觉得可行的措施并进行详细说明。

任务2 免费流量解析

任务引入

许多商家都表示希望平台能给予流量支持。杭州的张老板说："在把店铺做好的情况下，希望平台可以多给一些免费流量，给新店铺、新产品更好的展示空间，这样顾客可以看到平台的菜品更新，而不是一成不变的东西，我们商家也可以把新产品做得更好！平台应是一个不断注入鲜活血液的大动脉，商家要和平台一起努力给顾客提供新鲜感，将外卖生意做好。"

请结合案例资料，了解影响免费流量的主要因素及提升方法。

任务要求

◆ 深入了解美团平台外卖板块免费流量获取的渠道。

◆ 深入了解美团平台外卖板块免费流量各模块的特点，明确要进入优质模块需要具备的要素。

◆ 分析美团平台外卖板块的商家情况、顾客群体及其消费习惯等内容，明确提升店铺分和店铺评分的具体方法。

学习目标

★ 能通过查找资料明确美团外卖免费流量的来源及入口。

★ 能通过分析资料总结影响美团外卖免费流量的要素。

★ 能通过分析资料总结提升美团外卖免费流量的方法。

★ 能养成小组合作的团队意识，提高整体认知能力、信息获取能力、逻辑思维能力。

相关知识

一、免费流量的来源及入口

目前，美团外卖 App 在首页多个位置都对到店自取的商家进行了重点展示。除此之外，开通到店自取业务的商家，将在搜索页和商家列表页中获得独立筛选标识，帮助顾客快速找到开通到店自取业务的商家。

此外，商家列表标识、搜索标识、首页展位标识、频道页展位标识是免费流量相对比较大的入口。

  （1）商家列表标识（见图3-2-1）。

  （2）搜索标识（见图3-2-2）。

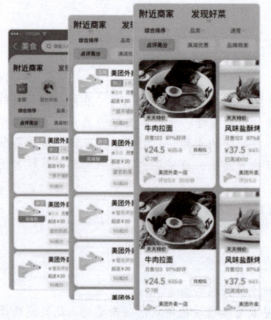

图3-2-1　商家列表标识

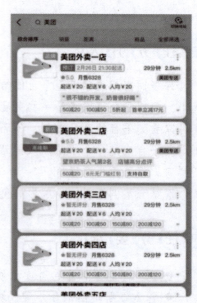

图3-2-2　搜索标识

  （3）首页展位标识（见图3-2-3）。

  （4）频道页展位标识（见图3-2-4）。

图3-2-3　首页展位标识

图3-2-4　频道页展位标识

二、提升免费流量的方法

（一）优化店铺信息

（1）店铺名称优化：在取店铺名称时，建议突出品类名，以"名称+品类"的方式命名，如"张三牛肉面馆"。这样取名，除了能让顾客在浏览商家列表时一眼识别你家店铺的品类，更可以在顾客搜索品类时，让你家的店铺名称出现在搜索列表中。

（2）菜品名称优化：菜品名称应包含关键词，避免使用过于抽象或难以理解的名称。如果菜品名称已经确定且难以更改，可以通过增加备注或描述来提高搜索曝光量。例如，将"滋润营养汤"改为"滋润营养汤（山药汤）"或"山药滋润营养汤"。

（二）利用平台功能

（1）搜索流量：通过优化店铺和菜品名称，可以获得大量的免费搜索流量。确保店铺和菜品名称中包含顾客可能搜索的关键词。

（2）分类导航：美团外卖的分类导航（金刚区）是顾客浏览和搜索的重要入口，能确保你的店铺和菜品在相关分类中有良好的展示。

（3）优惠专区：积极参与平台推出的优惠活动，如满减、折扣等，这些活动可以在优惠专区中展示，吸引更多顾客。

（三）提升店铺质量

（1）提高菜品质量：优质的菜品是吸引顾客的关键。要确保菜品在口感、分量、卫生等方面都达到顾客的期望水平。

（2）优化服务体验：提供快速、准确的配送服务，以及友好的客服支持，可以提升顾客满意度和复购率。

（3）维护良好评价：积极回应顾客评价，处理顾客投诉，维护良好的店铺评价。良好的评价可以吸引更多新顾客，并提升店铺在平台上的排名。

❀ 任务实施

一、免费流量中重要模块的特点。

（1）商家列表标识和搜索标识的特点。

_____

_____

（2）首页展位标识和频道页展位标识的特点。

_____

_____

_____

学习笔记

二、影响免费流量获取的因素。

影响因素	解释说明
店铺名称	

 任务拓展

搜集美团、饿了么外卖平台中的优质店铺，查看其流量情况，评估店铺经营情况。

 思考与练习

1. 店铺分包含（　　）个指标。

A. 11　　　　　　　　B. 10　　　　　　　　C. 9　　　　　　　　D. 8

2. 店铺分是对商家指标的数据表现予以考核并进行打分，每个指标满分为（　　）分。

A. 10　　　　　　　　B. 90　　　　　　　　C. 100　　　　　　　D. 120

3. 商家可以在手机版商家端的（　　）查看目前的店铺分。如果在电脑版商家端操作，可以在【经营分析—店铺分】中查看店铺分详情。

A. 【店铺页左上角—店铺分】　　　　　B. 【店铺页左上角—当前得分】

C. 【店铺页右上角—店铺分】　　　　　D. 【店铺页右上角—当前得分】

4. 思考：商家在美团外卖上已经有一定的免费流量了，但是商家不想投付费流量，他具体应该怎么做来进行流量的提升？请列出至少三个店铺可以用来提升免费流量的方法。

5. 思考：某麻辣烫店在店铺中设置了每天都有一种免费菜品的活动，想通过提供免费食材的方式做一些活动，获取免费流量，这样的思路是否可行？列举至少三种可以获取免费流量的方式。

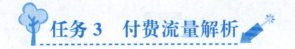

任务引入

某麻辣烫店铺已经开了一段时间，在美团平台上也已经完成了店铺装修、菜品设置等基础工作，获得了一些免费流量。老板摩拳擦掌、跃跃欲试，想大干一番，于是又投了一些付费流量，以增加店铺的曝光量，但是几次尝试下来效果都不理想。老板找到了外卖运营师小王，希望小王帮他分析，是该投点金推广，还是铂金展位，或者其他活动呢？

请结合案例资料，了解影响付费流量的主要因素及提升方法。

任务要求

◆ 深入了解美团平台外卖板块付费流量获取的渠道。

◆ 分析美团平台外卖板块的商家情况、顾客群体及其消费习惯等内容，明确点金推广的具体设置。

◆ 分析美团平台外卖板块的商家情况、顾客群体及其消费习惯等内容，明确铂金展位的具体设置。

学习目标

★ 能通过查找资料明确美团外卖的付费流量的来源及入口。

★ 能通过分析资料总结影响美团外卖付费流量的要素。

★ 能通过分析资料总结提升美团外卖付费流量的方法。

★ 能养成小组合作团队意识，提高整体认知能力、信息获取能力、逻辑思维能力。

相关知识

一、付费流量的来源及入口

目前，美团外卖商家版的店铺推广中包含了点金推广、铂金展位、一站式推广、超级流量卡、金字招牌、袋鼠店长、津贴联盟、同行洞察、评价优选等 9 个付费流量模块（店铺推广所有产品展示见图 3-3-1）。

曝光进店中包含：点金推广、铂金展位、一站式推广、超级流量卡、津贴联盟。

辅助经营中包含：金字招牌、袋鼠店长、同行洞察、评价优选。

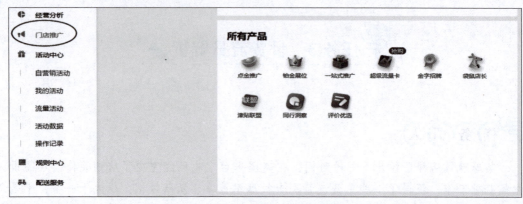

图 3-3-1　店铺推广所有产品展示

二、重要营销工具解析

（一）点金推广

点金推广是为外卖和闪购商家专属定制，帮助商家提升列表和搜索位置排名，快速提升店铺曝光量的自助营销工具。

1. 点金推广展示位

点金推广展示位如图 3-3-2 所示。

点金推广在三大应用、两大小程序中均有流量入口，商家可以通过点金推广在平台展示自己的店铺信息，提升曝光量。三大应用包含美团 App、美团外卖 App、大众点评 App；两大小程序包含美团外卖小程序、美团小程序；广告位曝光量的排名位置不固定，大部分广告位的曝光量都处于排名前 20 位之列（外部渠道优质资源位主要为抖音、今日头条、快手等主流媒体上的广告位），点金推广入口和推广位置见表 3-3-1。

表 3-3-1　点金推广入口和推广位置

入口	推广位置
首页列表	最多 25 个位置，位置不固定
搜索列表	搜索结果页列表的第 2，3，5，8，13 位
频道页列表	外卖频道（美食甜点饮品）：最多 20 个位置，位置不固定
	闪购频道（超市便利、蔬菜水果、鲜花、买药）：第 2，5，8，11，14 位

2. 点金推广的优势

展示条件：当顾客打开 App 或小程序时，凡是能配送到顾客所在地点的商家，若参与点金推广，则按出价和店铺质量进行综合排序，依次占据推广位置。

展示范围：商家配送范围内均可展现。在商家配送范围内，用户使用 App 点餐的地理位置不同，周边竞争程度不同，推广位置的排序也可能不同。

3. 点金推广的排序和计费方法

点金推广的排序：点金价格和店铺综合质量，都是影响点金推广排名的因素，并

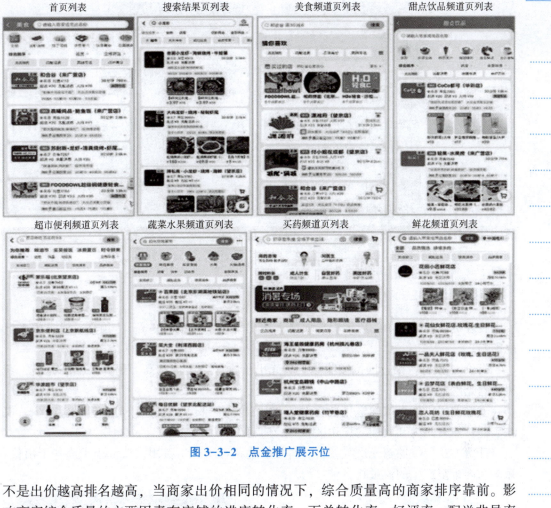

图 3-3-2　点金推广展示位

不是出价越高排名越高，当商家出价相同的情况下，综合质量高的商家排序靠前。影响商家综合质量的主要因素有店铺的进店转化率、下单转化率、好评率、配送非异率等指标。

点金推广的计费方法：

点金推广费用=（曝光提升数/1 000）×CPM 单价=点击量×CPC 单价

（二）铂金展位

1. 铂金展位的所处位置

铂金展位处于页面的最核心位置——首页焦点图，频道页、搜索页置顶（见图 3-3-3）。

2. 铂金展位的优势

在"优先低成本"与"优先高曝光"之间选择出价力度，系统会展示平均单次曝光出价，并预估出店铺全天曝光量。

3. 铂金展位的排序和计费方法

排序规则：单次曝光出价×店铺综合质量。

首页焦点图　　　　　　　　频道页、搜索页置顶

图 3-3-3　铂金展位的所处位置

展现机会：受出价、店铺综合质量（历史转化率、点击率等）、预算、流量售卖情况影响。

出价 & 预算：铂金展位按照单次曝光出价排序，出价越高，预算余额越充足，获得的曝光次数越多。

流量预售：如果该配送区的部分流量已预售给部分大品牌，则展现机会减少；仅在店铺营业时间内和店铺的配送区域内，向用户展示。

计费方法：按照曝光次数扣费，有效触达顾客才产生费用，计价小于或等于出价，短时间内重复产生的流量将会被过滤。

（三）津贴联盟

津贴联盟是一款以是否"成单"来作为计费依据的营销推广工具（曝光点击全免费）（见图 3-3-4）。

推广商家在用户端享有专属落地页，且在列表页可加权提升商家排名。平台还会以"膨胀津贴"的形式随机补贴，该部分成本不需要商家承担，其目的是促进顾客下单，助力商家订单量的增长。

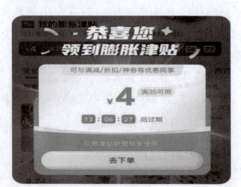

图 3-3-4　津贴联盟

1. 津贴联盟展示位

津贴联盟在外卖首页金刚、美食频道浮标、天降弹窗、我的—津贴账户页、津贴活动页均有展示（见图 3-3-5）。

2. 津贴联盟的优势

更多平台补贴：平台随机进行津贴值膨胀，平台承担成本，顾客仅能在"津贴联

外卖首页金刚　　　　美食频道页浮标　　　　天降弹窗

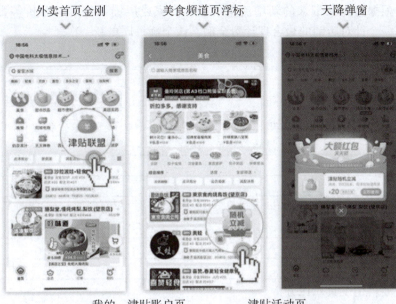

我的—津贴账户页　　　　津贴活动页

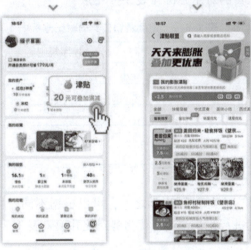

图 3-3-5　津贴联盟展示位

盟商户"中使用。

千万级流量：四大专属流量入口，为店铺免费引流，助力订单量的增长。

列表排名强势加权：津贴联盟可提供列表排名加权功能，列表排名最多提升 50%。包括在美团外卖 App 、小程序中的多个位置进行加权。

成单收费，不花冤枉钱：曝光、点击通通免费，只有当顾客通过专属流量成单才收费，不成单不收费，保证商家的广告费用发挥最大价值。

3. 津贴联盟的计费方法

津贴联盟是一款按照成单数量进行计费的广告产品，因此津贴联盟给商家带来的曝光和点击全部免费，仅按照专属流量带来的订单收费。

当顾客通过专属流量进入店铺并下单时，平台就会对该订单收取相应费用。

平台会根据为商家带来的新增流量价值、商家或店铺以往的客单价等数据指标，评估并核算一个针对店铺的最合理计费金额，该金额每周更新一次。

✿ 任务实施

一、付费流量的模块

（1）曝光进店中包含的模块。

_____

_____

_____

（2）辅助经营中包含的模块。

_____

_____

_____

_____

二、重要营销工具对比分析

请完成重要营销工具的对比分析（表3-3-2）。

表3-3-2　重要营销工具的对比分析

营销工具	优势	排序规则	计费方法
点金推广			
铂金展位			
津贴联盟			

✿ 任务拓展

点金推广是付费推广中的常用工具之一，可以根据不同时段和商圈进行调试。请将自己的两个调试方案进行记录，进行优劣势对比并填入表3-3-3。

表3-3-3　调试方案优劣势对比

方案1：		
时间：	商圈：	
曝光次数：	进店次数：	点击率：
优势：		
劣势：		

方案2：		
时间：	商圈：	
曝光次数：	进店次数：	点击率：
优势：		
劣势：		

思考与练习

1. 辅助经营中包含了（　　）、袋鼠店长、同行洞察、评价优选。

A. 店铺黄金　　　　B. 金字招牌　　　　C. 金砖推广　　　　D. 品牌形象

2. 铂金展位的优势是在（　　）与"优先高曝光"之间选择出价力度，系统会展示平均单次曝光出价，并预估出店铺全天曝光量。

A. 优先低成本　　　B. 优先高成本　　　C. 优先低单价　　　D. 优先高单价

3. 津贴联盟是一款按照（　　）的营销推广工具（曝光点击全免费）。

A. 统筹计费　　　　B. 点击计费　　　　C. 千次展现计费　　D. 成单计费

4. 思考：商家在美团外卖上已经有一定的免费流量了，但是商家不太想投付费流量，只想花少量的金额获取到较多展现，这有可能实现吗？他应该如何做？

5. 思考：某麻辣烫店铺设置了点金推广，相关数据显示推广曝光量 60 次、推广进店量 8 次、进店率 13.33%，这样的数据合格吗？还有哪些可以提升的？

任务4　平台流量获取

任务引入

　　某麻辣烫店铺已经营业了一年多，在美团平台上单量相对稳定，有一些免费流量，平时也会投一些平台流量，以增加店铺的曝光率，但是几次尝试下来效果都不理想，单量非常不稳定，于是老板找到运营师小王，想知道平台流量到底是怎么构成的。

　　请结合案例资料，了解获取平台流量的主要入口及提升方法。

任务要求

　　◆ 深入了解美团平台中外卖板块平台流量的获取渠道。

　　◆ 分析美团平台外卖店铺进店及下单的各项指标，完成满减活动和减配送费活动的设置。

　　◆ 分析美团平台外卖店铺进店及下单的各项指标，完成店铺二维码的设置和推广。

学习目标

　　★ 能通过分析资料总结影响美团外卖平台流量的因素。

　　★ 能通过分析资料总结提升美团外卖平台流量的方法。

　　★ 能对美团外卖平台的流量构成及提升有初步的认知，形成对外卖行业的整体运营思维。

　　★ 培养小组合作的团队意识，提高整体认知能力、信息获取能力、逻辑思维能力。

相关知识

一、平台流量的影响因素

　　外卖平台流量的影响因素众多，主要包括如下几个方面。

　　(1) 商家的数量与品质：商家的数量多、品质高，用户选择的空间就大，从而能吸引更多用户访问和使用平台。

　　(2) 产品的丰富度与口感：产品丰富多样、口感好才能够满足用户需求，提高用户的满意度和忠诚度。

　　(3) 优惠活动与服务质量：推出各种优惠活动、提供优质服务可以吸引用户下单购买，提高流量转化率。

（4）用户体验与界面设计：良好的用户体验和简洁明了的界面设计能够降低用户的学习成本，提高用户的操作效率和满意度。

二、美团平台流量入口

在美团平台—活动中心—自营销活动中，可以从提升进店量、提升下单量、提升客单价、提升复购量四个维度对平台流量进行了解、分析，在流量获取中，提升进店量最为关键。

提升进店量：满减活动、减配送费、店铺二维码、精准营销。

提升下单量：折扣商品、店铺新客立减、买赠活动、优惠券。

提升客单价：超值换购、第二份半价、M 件 N 折、满赠活动。

提升复购量：售卖代金券、售卖商品券。

三、获取平台流量的具体工具

（1）满减活动：顾客加购商品原价满足门槛后可享受减免优惠，是提高客单价和店铺引流的必备工具之一，美团外卖 App 满减活动展示位置见图 3-4-1。

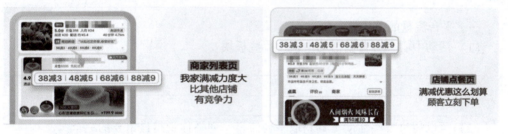

图 3-4-1 美团外卖 App 满减活动展示位置

（2）减配送费活动：帮助顾客承担一部分配送费堪称引流进店神器，是提升进店量和提升下单量的必备工具之一，美团外卖 App 减配送费活动展示位置见图 3-4-2。

图 3-4-2 美团外卖 App 减配送费活动展示位置

（3）店铺识别码：包含店铺小程序码、店铺二维码、品牌小程序码。可以通过线上宣传（朋友圈、粉丝群、公众号菜单栏、微信视频号、抖音、快手等）进行推广，也可以在线下进行宣传推广（台卡、桌贴、门贴、随餐卡片、筷子套等），如图 3-4-3所示。

店铺小程序码	店铺二维码	品牌小程序码
⬇下载图片	⬇下载图片	⬇下载图片

图 3-4-3　店铺识别码类型

　　店铺小程序码：店铺小程序码是微信下发的特殊码，顾客仅能使用微信来扫码，扫码后会直接打开美团外卖小程序，顾客后续的下单体验更好。

　　店铺二维码：店铺二维码是为店铺提供的专属二维码，商家可以将二维码图片下载后进行站外推广，顾客扫码后即可进店下单，转化路径短，可助力商家多渠道增长。

　　品牌小程序码：是品牌维度的小程序码，顾客仅能使用微信扫码，扫码后会根据扫码顾客的实际定位展示对应品牌下的可配送店铺。

任务实施

一、平台流量的重要性。

(1) 活动中心—自营销活动中包含哪些板块？

_____

_____

(2) 可以通过哪些活动工具获取平台流量？列举你觉得最重要的三个。

_____

_____

二、指标提升。

(1) 提升进店量有哪些途径？

_____

_____

(2) 提升下单量有哪些途径？

_____

_____

(3) 提升客单价有哪些途径？

_____

_____

_____

（4）提升复购量有哪些途径？

_____

_____

_____

 任务拓展

搜集早餐类精准营销优惠券设置的相关数据（见图3-4-4），为某粥店设置优惠券。

图 3-4-4　精准营销优惠券设置

 思考与练习

1. 提升进店量包含满减活动、减配送费、店铺二维码、（　　　）。

A. 精准营销　　　　B. 活动营销　　　　C. 流量宝典　　　　D. 精准活动

2. 提升下单量包含折扣商品、店铺新客立减、买赠活动、（　　　）。

A. 流量曝光　　　　B. 买2赠1　　　　C. 买家福利　　　　D. 优惠券

3. 设置满减活动中包含活动内容、活动日期及（　　　）。

A. 活动金额　　　　B. 活动品类　　　　C. 生效时间　　　　D. 活动时间

4. 店铺二维码包括店铺小程序码、店铺二维码、（　　　）。

A. 店铺红包码　　　　B. 品牌小程序码　　　　C. App　　　　D. 店铺活动码

5. 思考：如何设置有效活动从而获取到更多平台流量？

项目三 任务评价

完成本项目任务的学习后，请对任务过程和结果的质量进行评价及总结，填写下列任务评价表。自我评价由学习者本人填写，小组评价由组长填写，教师评价由任课教师填写。

任务评价表

项目	评价内容	组别			
		评价标准			
		所占分值	自我评价（30%）	小组评价（20%）	教师评价（50%）
准备阶段	学习准备充分，具备责任心	5			
过程管理	1. 遵守纪律，服从管理	5			
	2. 实施过程注意安全性、保密性、合理性	10			
	3. 有一定的自学能力和全局意识	5			
任务实施	1. 了解美团外卖平台的流量来源	15			
	2. 了解美团外卖平台免费流量及付费流量的构成	20			
	3. 掌握美团外卖平台的流量获取渠道及店铺流量提升方法	20			
实施成效	1. 按时完成任务	10			
	2. 遵守 7S 的工作要求	10			
小组评语及建议		指导教师：　　　　　　　年　　月　　日			

项目四

进店转化：
吸引顾客进店

- ◎ 任务 1　店铺 LOGO 设计
- ◎ 任务 2　店铺名称确立
- ◎ 任务 3　配送方式分析
- ◎ 任务 4　营销活动设计
- ◎ 任务 5　高分店铺打造

项目概述

　　进店转化是指顾客在外卖平台上看到商家的信息并决定点击进入查看详情。外卖平台的进店转化率是指进入外卖平台并点击查看商家页面的顾客数量与平台上的曝光顾客数量之间的比率。

　　进店转化率是衡量一家店铺和品牌对顾客吸引力大小的重要指标，它直接影响到店铺的订单量和整体业绩。如果进店转化率过低，可能会导致订单量不足，进而影响到店铺的营业额和竞争力。提高进店转化率的关键在于吸引顾客点击进入店铺页面。

　　本项目安排了五个任务，分别从店铺LOGO设计、店铺名称确立、配送方式分析、营销活动设计、高分店铺打造这五个方面引导学生系统地学习店铺进店转化的基本知识，掌握提升进店转化率的方法和技巧。

项目四　项目资讯

任务1 店铺 LOGO 设计

任务引入

在一个繁忙的小城，张先生经营着一家很受欢迎的外卖店——"张家美食"。尽管他的菜肴味道一流，但近来新开的几家餐厅和外卖服务让他的生意受到了影响。张先生注意到，这些新店铺有一个共同点：它们的网店 LOGO 设计都极具特色，让人看一眼就能记住。

经过深思熟虑，张先生决定请一位专业的平面设计师来重新设计"张家美食"的 LOGO。设计师了解了张先生的需求和店铺的特色后，设计出一个既能表现店铺的风味美食又具有地方特色的 LOGO：一个用筷子夹着美味小笼包的形象，小笼包上方还缭绕着热气，生动地表现出美食的温馨和诱惑。

新 LOGO 上线后，顾客们对这个 LOGO 赞不绝口，表示这个 LOGO 让他们在众多网店中一眼就能找到"张家美食"。不但订单量明显增加，许多顾客甚至还专门来品尝那"引人注目"的小笼包。张先生的生意重新焕发了活力。

请结合案例，归纳外卖店铺 LOGO 设计的重要性。

任务要求

◆ 收集美团平台上外卖店铺的 LOGO，从设计风格、颜色运用、图形元素等方面分析各自的特点。

◆ 分析外卖店铺 LOGO 设计与店铺销量之间的关系。

◆ 收集目标顾客对外卖店铺 LOGO 的偏好和期望，包括他们对 LOGO 颜色、图形符号、字体风格等方面的喜好，以及他们希望店铺能通过 LOGO 传达出怎样的品牌形象和价值观。

◆ 了解美团外卖平台的特点和用户使用习惯，以便设计出符合平台风格和平台用户习惯的 LOGO。这包括对美团品牌特色、商圈同行等方面内容的分析，以确保 LOGO 能够融入平台并吸引用户眼球。

学习目标

★ 能正确分析店铺 LOGO 设计的重要性。

★ 能进行外卖店铺 LOGO 的优缺点调研。

★ 能绘制外卖店铺 LOGO 草图，并撰写设计说明。

★ 培养小组合作的团队意识，提高逻辑思维能力以及沟通交流能力。

相关知识

一、设计店铺 LOGO 的流程

（一）品牌识别研究

首先需要了解和分析相关外卖店铺的品牌定位、目标顾客群体以及市场竞争情况。这一步骤包括收集和分析竞争品牌的 LOGO 设计，理解不同元素如何传达品牌价值和吸引目标顾客。

（二）文化和地域特征考察

设计 LOGO 前，需要研究目标市场的文化特征和消费者偏好。例如，考虑颜色使用、图形符号的文化内涵，以及这些因素如何影响对品牌的感知。

（三）美团平台浏览

分析美团的平台界面和用户习惯，包括品牌色彩、图标风格、用户界面布局等，确保所设计的 LOGO 不仅符合品牌的个性特点，也同平台用户的视觉和操作习惯相符。

（四）创意设计与初稿制作

基于前期的研究和分析，需要创作多个 LOGO 设计方案。这一步骤鼓励创新和尝试不同的设计理念和技术，以形成独特且具有吸引力的 LOGO 设计方案。

（五）顾客反馈收集

设计初稿完成后，可以通过调查问卷、焦点小组讨论等方法，收集目标顾客群体的反馈。根据反馈调整设计，以更好地满足顾客需求，符合市场的发展趋势。

（六）最终设计的呈现与评估

提交最终的设计方案并进行展示。这一步骤包括解释设计理念、展示设计过程和收集的顾客反馈，以及如何根据这些信息优化最终产品。

二、设计店铺 LOGO 的关键

LOGO 设计的关键点包括如下几个方面（见图 4-1-1）。

（1）应凸显主体色调，选用有冲击力的饱和色为最佳，颜色不应超过三种。

（2）头像的左上角和右上角不要填充过满。

（3）头像上应突出店铺特色、卖点，让人一目了然。

图 4-1-1　LOGO 设计的关键点

任务实施

一、查找资料，填写外卖店铺 LOGO 设计调研表 4-1-1。

表 4-1-1　外卖店铺 LOGO 设计调研表

外卖平台	品类	关键词	店铺名称	月销量/元
店铺 LOGO 文字	店铺 LOGO 色彩	店铺 LOGO 图形	主要购买产品	建议和意见

二、请分析以上美团店铺 LOGO 的优缺点，并提出几点优化建议。

_____

_____

三、请为以上美团店铺绘制 LOGO 草图，并注明颜色的运用方式。

四、请为以上美团店铺 LOGO 撰写 200 字以内的设计说明。

_____

_____

任务拓展

运用 Adobe Photoshop 等图形处理软件将所绘制的美团店铺 LOGO 进行计算机标准化绘制。

思考与练习

1. LOGO 设计的首要考虑因素是什么？（　　　）

A. 颜色搭配　　　　　B. 设计成本　　　　　C. 品牌识别度　　　　D. 设计复杂性

2. 以下哪一项不是有效的 LOGO 设计原则？（　　　）

A. 简洁性　　　　　　B. 可识别性　　　　　C. 复杂性　　　　　　D. 适应性

3. 哪种情况下，LOGO 设计需要进行迭代改进？（　　　）

A. 顾客反馈负面　　　　　　　　　　B. 设计方案与竞争对手的方案相似

C. 难以在不同媒介上进行复制　　　　D. 所有以上情况

4. 为什么 LOGO 的可扩展性很重要？（　　　）

A. 便于在不同尺寸的媒介上展示　　　B. 增加设计成本

C. 限制创意自由　　　　　　　　　　D. 减少品牌的视觉影响力

5. 在设计 LOGO 时，以下哪项是对品牌理解至关重要的？（　　　）

A. 当前的市场趋势　　　　　　　　　B. 竞争对手的 LOGO

C. 品牌的核心价值和使命　　　　　　D. 设计工具的选择

任务 2　店铺名称确立

任务引入

在繁华的城市中，有一家名为"口袋美味·生煎包"的外卖店铺。创始人小林一直梦想着创建一个既能方便顾客点餐，又能让其享用优质餐饮的品牌。在创业初期，他明白店铺的名称至关重要——它是品牌的第一印象，也是吸引顾客的关键。

小林经过长时间的思考，最终选择了"口袋美味"这个名字，并结合售卖的招牌餐点——生煎包，确定了外卖店铺的名称。他希望这个名字能传达店铺的理念：让顾客能够轻松地通过手机在"口袋"中下单，然后便可以享用送到手中的美味食品。这个名字不仅易记，而且契合外卖店的属性，瞬间就能给顾客留下深刻印象。

在新店开业前，小林努力推广品牌，通过社交媒体和街头宣传，力求让"口袋美味·生煎包"这个名字走入人们的视野。果然，开业当天，顾客们纷纷被这个独特的名字所吸引，店铺订单不断。渐渐地，"口袋美味·生煎包"成为附近居民吃早餐时首选的外卖品牌，每次想到生煎包，人们都会自然地联想到这家亲切且令人印象深刻的店铺。

任务要求

◆ 识别哪些店铺的名称起得特别成功，哪些不那么吸引顾客，分析其原因。
◆ 分析店铺想要通过名称传达的品牌形象和价值观，确保店铺名称与品牌定位相匹配。
◆ 结合店铺的特色和主打产品，分析如何在名称中体现这些元素。
◆ 查阅商标注册系统，确保所选名称尚未被其他业务注册使用。

学习目标

★ 能梳理店铺名称设计的步骤及流程。
★ 能运用店铺名称的设计技巧。
★ 能对外卖店铺名称设计进行调研并分析其优缺点。
★ 能设计指定外卖店铺的名称并撰写设计说明。
★ 培养小组合作的团队意识，提高逻辑思维能力和沟通交流能力。

相关知识

一、设计外卖店铺名称的步骤及流程

（一）了解品牌定位与目标市场

分析品牌的核心价值、目标顾客群体以及市场定位。这有助于确保店铺名称能够

准确反映品牌的特色和吸引目标顾客。

（二）运用创意思维进行头脑风暴

组织一次头脑风暴会议，邀请团队成员共同参与创意过程。可以通过词语联想、隐喻、幽默等方式激发灵感。

（三）考虑文化和语言因素

确保店铺名称在不同的文化和语言背景下都具有良好的接受度且不会产生负面含义。

（四）简化和测试

从生成的店铺名称列表中选择几个最佳选项，对文进行优化并测试这些名称的市场反响。可以通过问卷调查、焦点小组讨论或社交媒体测试来收集反馈。

（五）检查商标和域名的可用性

在最终确定店铺名称之前，检查所选名称的商标注册情况和域名可用性，避免未来可能产生的法律纠纷。

二、外卖店铺名称的设计技巧

（一）独特性

店铺名称需要具有独一无二的特点，这样才能有助于其从市场竞争中脱颖而出，并避免与其他品牌混淆。

（二）易记性

店铺名称应简洁明了，易于记忆。好的店铺名应当让人一听即记，久久难忘。

（三）关联性

店铺名称应与品牌的产品或服务有直接关联，使顾客一听到名称就能联想到品牌所提供的具体产品或服务。

（四）情感共鸣

一个好的店铺名称能够引起目标顾客的情感共鸣，例如，使用温暖、亲切或激励人心的词语。

（五）适应性和灵活性

店铺名称应具备一定的灵活性，能够适应品牌未来可能的发展，即不局限于特定的产品或服务，有可扩展的潜力。

通过以上步骤和关注点，可以有效地设计出一个有吸引力且功能性强的店铺名称，就像"口袋美味·生煎包"一样，不仅吸引了顾客，还深入人心，成为一个成功的品牌案例。

三、正确设计外卖店铺名称的关键

（1）参考标准的命名格式：店铺名称应控制在 13 个字以内，中间可穿插符号做分割。

（2）品牌名+品类（特色）+应季产品（地域性/能满足店铺高流量需求的后缀）+分店名。

任务实施

一、查找资料，填写外卖店铺名称设计调研表 4-2-1。

表 4-2-1　外卖店铺名称设计调研

外卖平台	品类	关键词	店铺名称	月销量
是否含有品牌名称	是否含有售卖品类	店铺名称字数	主要购买产品	建议和意见

二、请分析以上美团店铺名称的优缺点，并提出几点优化的建议。

_____

_____

三、请为以上美团店铺设计名称并撰写 200 字以内的设计说明，着重表现其优势以及名称的记忆点。

_____

_____

_____

任务拓展

运用 Adobe Photoshop 等图形处理软件，将所设计的美团店铺名称同美团店铺 LOGO 一起进行计算机排版。

思考与练习

1. 设计店铺名称首先应考虑的是什么？（　　）

A. 颜色搭配　　　　B. 市场定位　　　　C. 音乐风格　　　　D. 菜单设计

2. 店铺名称应避免使用哪种类型的词语？（　　）

A. 容易记忆的词语　　　　　　　　B. 引起积极联想的词语

C. 法律受限的词语　　　　　　　　D. 与品牌相关的词语

3. 在选择外卖店铺的名称时，重要的是要考虑什么？（　　）

A. 名称的国际通用性　　　　　　　B. 是否有趣

C. 是否包含数字　　　　　　　　　D. 是否使用流行词语

4. 以下哪项是选择外卖店铺名称时应避免的？（　　）

A. 使用地域名称　　　　　　　　　B. 使用通俗易懂的语言

C. 使用含糊或多义的词语　　　　　D. 强调速度和便利

5. 哪种类型的店铺名称最有可能吸引顾客的注意？（　　）

A. 含有感情色彩的词语　　　　　　B. 长且复杂的名称

C. 难以发音的名称　　　　　　　　D. 晦涩难懂的名称

任务 3　配送方式分析

任务引入

在外卖平台体验的反馈中，平台配送方式会在很大程度上影响到顾客的消费体验。很多平台店铺都曾因配送超时等问题收到过顾客的差评。由此可见，无论菜品的口味和质量如何，配送环节都是平台店铺运营过程中的重要一环，一旦配送出现问题，会严重影响顾客心中店铺或品牌的口碑。因此，在店铺的经营活动中，千万不可因为是平台负责配送就忽略了配送这一环节会带给顾客何种体验的重要性。当顾客将消费体验看成是一个整体的重要组成部分的时候，配送同店铺运营过程中的其他所有环节一样都至关重要。

那么，外卖店铺应该如何解决配送这一难题呢？首先需要做的是选择合适的配送方式。

任务要求

◆ 了解不同的配送方式，如美团专送、美团快送、美团混合送、美团全城送、店铺自配送等，并分析各自的优劣势。

◆ 分析配送环节会产生的问题。

◆ 设计一份调查表，调查不同店铺的配送方式，并分析其优缺点。

◆ 设计一份调研表，分析顾客对配送时间、费用、食品到达状态（如温度和新鲜度）的期望和重视度。

◆ 设计相关活动讨论如何解决配送环节会遇到的难题。

学习目标

★ 能够了解线上店铺的不同配送方式及其相应的优劣势。

★ 能分析配送环节可能遇到的问题，提出解决的措施。

★ 培养小组合作的团队意识，提高逻辑思维能力和沟通交流能力。

相关知识

一、选择合理的配送方式

以美团外卖店铺为例，美团平台常见的配送方式一般有以下五种。

（一）美团专送

美团专送是美团平台官方运营的配送服务，在平台的监管下，这种配送方式速度快、质量高，但配送范围会根据官方规定有所限制，这种配送方式的服务对象主要是那些需要高质量配送服务的商家和顾客。

（二）美团快送

美团快送，是美团推出的一种平台为了缓解外卖订单高峰期的配送压力，基于个人自愿原则的快捷的物流配送服务模式。美团快送的骑手都是美团公司的员工，拥有固定的工作时间和工作地点，专门负责美团外卖、商家配送、超市购物等业务的派送工作。

（三）美团混合送

美团混合送指的是专职骑手和兼职骑手混合配送的方式。这种配送方式主要适用于配送范围一般在 5 千米以内的情况，其中 3 千米内以专职骑手专送为主，3～5 千米则以快送为主，即使用兼职骑手进行配送。混合送的定价方式是按配送距离阶梯定价，并且可以提供 24 小时的配送服务。此外，晚上会根据不同的时段（如 0:00—3:00、3:00—6:00、21:00—24:00）增加额外的服务费，具体收费标准以签约页面的金额为准。

（四）美团全城送

美团全城送主要服务于远距离配送，满足平台用户对稀缺、高价位、品类差异化商品的配送需求。这种服务旨在扩大配送范围，能覆盖全城，为平台用户提供更丰富的商品选择。全城送服务特别适用于那些需要配送范围广泛、商品特殊或高价的场景，如预制菜等。

（五）店铺自配送

店铺自配送是美团为商家提供的一项服务，允许商家自己对外进行配送，实现自主经营，达到更好的控制效果。这项服务允许商家节约更多成本，自己掌握经营权，管理自己的配送人员，为顾客提供更好的服务。

二、充足的前置准备

店铺在经营过程中应当以提升内部运营效率为出发点，积极优化制作和出餐流程，确保高效快捷。同时，应结合日常实践经验，精准评估配送人员取餐所需时间，以保证服务质量和顾客满意度。重视与配送人员的沟通联系，并提前将食物打包备好，以提供更加周到和便利的服务体验。

三、确定合理的配送范围

外卖业务有其独特的地域灵活性特点，通常商家会尽力拓宽配送区域以增加其能够提供服务的顾客群体数量。然而，过于广泛的配送范围虽然能吸引更多顾客，却可能引发配送延误等问题。因此，商家应根据自身能力合理设定配送范围。设定配送范围时应考虑以下三个方面的因素。

（1）商家需评估自己的产能与日均订单量，这将直接影响其能服务的顾客数量。

（2）结合人口数量分析与热力图，以确定当前最适合的配送区域。

（3）综合顾客容量和区域人口状况，合理规划当前及未来的配送边界，商家应根据发展阶段逐步调整配送范围。

四、与配送团队保持良好关系

无论店铺选择何种配送方案，与配送人员保持良好的合作关系都至关重要。店铺与配送人员的关系直接影响到他们在为店铺服务时的积极性。与配送人员建立良好的关系可以在订单高峰期吸引更多的配送人员为店铺服务，并使他们更愿意接单，从而提高店铺的配送效率。

五、积极解决配送难题

（一）因配送导致菜品撒漏或者质量下降

对于菜品撒漏等因配送而导致出现的菜品问题，尤其是对于汤类食品，商家应当考虑更换外卖包装，确保包装的稳定性。商家可以参考成熟的同行商家的做法，改进包装材料，在打包盒之外考虑使用保鲜膜或者密封扣等进行加固，或者采用独立包装的形式，将易漏菜品分开包装。

（二）因恶劣天气产生的配送难题

为了保证送餐的速度、餐品的质量以及品牌或店铺的口碑，外卖店铺可以在恶劣天气到来之时，适当缩小店铺的配送范围，以免长时间配送会产生菜品冷却等问题；同时，可以在顾客下单的时候，通过平台与顾客积极沟通，提前告知顾客由于天气状况可能会造成的配送难题，以获得顾客的理解；再者，在极端天气下的配送可以换用更为牢固、不易倾倒的包装盒，并在外层采取用泡沫塑料、保鲜膜等包裹的保护措施。

（三）因运力困难造成的配送难题

遇到如午餐、晚餐的运力紧张时段，为了不因配送问题耽误顾客的时间，可以在顾客下单后，通过外卖平台与顾客进行情况沟通；也可以通过平台机制，以配送费加价、调整满减活动、缩小配送范围等方式，对运力紧张的情况进行有效的缓解。

❀ 任务实施

一、对不同配送方式进行优劣势分析，填写表 4-3-1。

表 4-3-1　不同配送方式的优劣势分析

配送方式	优点	缺点
美团专送		
美团快送		
美团混合送		
美团全城送		
店铺自配送		

二、调查 10 家店铺的配送方式，结合配送费用，拟定可行的优化目标，填写表 4-3-2。

表 4-3-2　店铺的配送方式、配送费用和优化目标

店铺名	配送方式	配送费用	优化目标

三、以小组为单位，讨论顾客可能会对配送环节的哪个部分最为重视，并填写表 4-3-3。（以 10 分为最高分，表示最为重视。）

表 4-3-3　配送环节

顾客名	配送费用	配送时间	菜品温度	菜品完整度
张三	10 分	8 分	6 分	9 分

四、外卖店铺可以通过什么方式解决配送环节可能会遇到的难题？

_____

_____

_____

❀ 任务拓展

选择一家美团店铺，从时间、费用、好评率等角度分析其配送环节的优缺点。

思考与练习

1. 美团快送的配送时间通常与以下哪个因素最相关？（　　）

A. 峰值时间段　　　B. 顾客地理位置　　C. 菜品种类　　　　D. 订单金额

2. 美团混合送的配送模式是如何运作的？（　　）

A. 完全由店铺负责配送　　　　　　　B. 完全由美团负责配送

C. 结合美团配送与店铺自配送　　　　D. 随机分配给第三方配送服务

3. 店铺自配送模式下，哪个因素对配送效率影响最大？（　　）

A. 店铺位置　　　　　　　　　　　　B. 订单大小

C. 店铺员工数量　　　　　　　　　　D. 当日气候条件

4. 若店铺选择自配送，以下哪项不是其可能面临的挑战？（　　）

A. 增加运营成本　　　　　　　　　　B. 配送效率降低

C. 顾客满意度下降　　　　　　　　　D. 收入稳定性提高

5. 美团全城送服务中，配送距离的扩展主要依赖于什么？（　　）

A. 高效的路线规划　　　　　　　　　B. 强大的技术支持

C. 灵活的时间安排　　　　　　　　　D. 广泛的配送网络

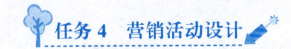

任务4　营销活动设计

任务引入

在美团平台上，许多外卖店铺通过巧妙的在线营销策略取得了成功，其中的一个典型例子是一家名为"味蕾觉醒"的小型中餐厅。这家店铺最初也面临着激烈的竞争和较低的客流量等难题。为了突破困境，店主决定利用美团平台的多种营销工具来提升知名度和吸引顾客。

首先，店铺通过参与美团的"金牌商家"计划，提升了其在搜索结果中的曝光率。此外，店铺还利用美团提供的优惠券和闪购活动，吸引了大量新顾客来尝试他们的菜品。通过这些限时优惠，顾客能以较低的价格体验高品质的食物，从而对店铺留下深刻印象。

这些策略的组合不仅显著提高了"味蕾觉醒"的订单量和顾客满意度，也使店铺在短短几个月内从平台上的普通参与者成长为明星商家。如此成功的案例表明，即使是小型店铺也能通过有效利用数字营销工具，在竞争激烈的市场中脱颖而出。

任务要求

◆ 了解目标顾客的消费习惯、偏好以及影响其购买决策的因素。研究顾客对营销活动的反应，如现金红包、满减活动等。

◆ 分析营销活动的设计技巧。

◆ 利用美团平台的数据分析功能，跟踪点击率、转化率、复购率等关键指标。

学习目标

★ 能认识不同的营销活动。

★ 能分析并掌握营销活动的设计技巧。

★ 能制定店铺合理参与营销活动的规划。

★ 培养小组合作的团队意识，提高逻辑思维能力和沟通交流能力。

相关知识

一、美团外卖"收藏有礼"

美团外卖店铺的"收藏有礼"活动是一种常见的营销策略，旨在通过激励措施增加店铺的收藏量，从而提升店铺的曝光率和顾客忠诚度。

那么商家该如何在后台设置"收藏有礼"的活动呢？

（1）在后台设置时，商家可以选择发放满减券或商品券。满减券：设置一个合理的满减门槛，鼓励顾客在达到一定消费金额时使用优惠券，从而提高客单价。商品券：提供特定商品的折扣，选择顾客普遍喜欢的、利润较高的商品，确保顾客感受到真正的优惠。

（2）在设置时，商家需要设计引导收藏的策略，如在店铺显眼位置（如店招、海报等）提醒顾客收藏店铺以获得优惠。也可以通过菜品标题或描述配合活动，引导顾客进行收藏。

（3）商家在设置时可以选择成本较低、销量较好的小吃或饮料作为收藏赠品，增加顾客的购买欲望。

（4）应该注意优惠券满减的设置，应设置一个不过高的门槛，在确保顾客容易达到的同时，不要超过满减活动的第一档位。

在此环节中，商品券应与折扣活动同享，但与满减活动不同享。

（5）优化顾客的体验流程，确保收藏后获得的优惠券使用方便，避免复杂的兑换流程。

（6）设置时可以结合其他活动，将"收藏有礼"与店铺的其他促销活动结合，如满减、折扣等，以增加吸引力。也需要利用美团外卖的平台营销工具，如店铺海报等，来宣传"收藏有礼"活动。

二、美团外卖"天天神券"

美团"天天神券"是一种在美团外卖平台上可用的优惠券，用户可以通过参与平台上的活动或完成一些任务来获取这些优惠券。这些优惠券通常有一定的使用条件和限制，如满减额度、使用时间等。

那么商家应该怎样设置"天天神券"活动呢？

（1）打开美团外卖商家版，找到"设置"选项。

（2）依次选择"店铺经营—自营销活动—流量活动"选项。

（3）创建发送代金券的活动，设置进店有礼等活动。商家可以设置成顾客进店之后自动发送一定额度的代金券，一般建议发1元的互斥券，或者设置成每天定向发券，发送对象包括店铺新顾客、老顾客、流失顾客（即之前光顾过但是近期没有来的）、高端顾客（即在店铺消费高于平均消费水平的顾客），还有给好评的顾客或者给过差评的顾客等。

 任务实施

一、对外卖店铺的营销活动进行调研，将相关内容填入表4-4-1中。

表 4-4-1　外卖店铺营销活动调研

外卖平台	品类	关键词	店铺名称	月销量
店铺优惠券 （没有写无）	店铺积分 （没有写无）	店铺活动 （没有写无）	预计效果	改进意见 （教师评价）

二、请分析以上美团平台店铺营销活动的要点，并提出几点优化的建议。

_____

_____

_____

任务拓展

为所选店铺设计一个周年庆营销活动，需要设计优惠券、满减活动，并明确推荐品类、促销菜品等。

思考与练习

1. "收藏有礼"活动的主要目的是什么？（　　）

A. 增加顾客消费金额　　　　　　　B. 提升商家复购率

C. 扩大店铺的客户基础　　　　　　D. 提升店铺在搜索结果中的排名

2. 在"收藏有礼"活动中，顾客通常会收到什么类型的激励？（　　）

A. 商品样品　　　　　　　　　　　B. 现金返还

C. 优惠券或折扣　　　　　　　　　D. 免费配送服务

3. 美团外卖使用哪种方式来提高"天天神券"活动的参与度？（　　）

A. 通过电视广告　　　　　　　　　B. 通过在平台内推送通知

C. 通过直邮营销　　　　　　　D. 通过户外广告

4. 商家通过"收藏有礼"活动能获得哪种直接好处？（　　　）

A. 长期顾客关系　　　　　　　B. 立即销售增加

C. 店铺装修费用减免　　　　　D. 改进产品设计

5. 顾客在"天天神券"活动中的主要收益是什么？（　　　）

A. 增加更多的收藏店铺　　　　B. 每天获得优惠

C. 服务质量的提升　　　　　　D. 享受更快的配送服务

任务 5　高分店铺打造

任务引入

作为外卖店铺吸引顾客下单的重要因素之一的顾客评价，是外卖店铺想要进一步发展就必须予以关注的重要内容，其既是外卖店铺菜品口味和服务能力的反映，也是店铺与顾客交互的窗口。

相较于店家对餐品的描述，顾客会更愿意相信来自大众的评分和评价，这种分数和评价是顾客的切身体验，可以真实反映出外卖店铺的餐品水平。

"吃了那么多家，这是我吃过最正宗的一家了。外卖小哥送餐及时，外卖包装精致，菜品看着也非常新鲜。经常在你店里买，味道不错很好吃，分量很足，价格便宜，服务态度好，下次再来，五星好评。"在下单时能够看到这样一条顾客满分评价，无疑会激发顾客的下单欲望。一些店家能够明白店铺评分的重要性，便通过留言回复、返利、现金红包等方式，不断维护客户评价、提升自己店铺的评分。这些评价是顾客对店铺菜品味道和品质的肯定，对服务态度和效率的认可以及对性价比的赞赏。

那么，外卖店铺的好评到底有多重要？什么因素会在顾客消费过程中影响到其对外卖店铺的评分？外卖店铺的评价和评分需要如何维护及提升？这些都是我们需要学习的相关内容。

任务要求

◆ 分析外卖店铺评价的重要性。
◆ 分析外卖店铺评价的影响因素。
◆ 研究如何维护和提升外卖店铺的评价与评分。

学习目标

★ 能分析好评和差评对于一家店铺的影响，并进一步学习外卖评价的重要性。
★ 能采取针对性措施维护和提升外卖评分。
★ 培养小组合作的团队意识，提高逻辑思维能力和沟通交流能力。

相关知识

一、外卖店铺好评的影响力

顾客的好评对于一家外卖店铺而言是非常重要的，主要体现在以下两个方面。

第一，好评能够提升店铺的总体评分，是提升店铺总体排名的依据，排名靠前的店铺能够获得更多的曝光机会，吸引顾客进行下单消费。

第二，好评能够在很大程度上提升顾客对于店铺的信任度。真实有效的评价，可以使顾客在下单消费时更为放心。

若是店铺不重视顾客评价，导致差评频繁，将会使店铺评分下降，相应的排名也会降低，引起顾客的流失，进而会影响到店铺的利润水平。

二、如何打造高分店铺

（一）设置精选评价红包，用返利方式打动顾客

首先，设置精选评价红包，可以增加顾客优质评价的数量。商家通过提供经济激励，鼓励更多顾客主动留下评价，这些评价对于新顾客来说是重要的参考信息，也能够为外卖店铺吸引更多的顾客资源。

其次，设置精选评价红包可以提升顾客的满意度和忠诚度。评价红包可以作为对顾客的一种感谢，以提高他们的满意度，同时还能增加他们再次光顾的可能性。

与此同时，通过设置精选评价红包来增加顾客优质评价的数量，还可以优化店铺评分和排名。美团平台将顾客评价作为影响商家排名的重要因素，通过增加真实的优质评价的数量，可以帮助提升店铺在搜索结果中的排名。对于商家自身而言，评价可以提供宝贵的顾客反馈，帮助商家了解产品和服务中的优点和不足，进一步改善服务质量和提升顾客体验。

（二）与顾客保持联系，引导其做出评价

顾客的评价实际上是一种社交行为，好评是分享喜悦的方式，而差评则是寻求解决问题的方式。然而，社交需要双方的参与，因此商家对评价的及时有效回复也会影响顾客进行评价的意愿。如果商家对顾客评价的回复率较低，那么本来对产品和服务满意的顾客可能就会觉得没有必要评价，而差评的顾客也会认为评价无法解决问题，于是选择电话或即时沟通的方式。因此，商家应时刻关注店铺的评价情况，并对给出好评的顾客表达感激之意，尽量使用一些恳切的言辞，加强与顾客的联系。如果使用回复模板，也应选择多个模板并结合使用，避免让顾客认为商家敷衍了事。

（三）置顶优质评价，打造店铺标志

置顶优质的评价一方面可以增加顾客的信任度，也可以让潜在顾客更容易看到满意的反馈，从而增加对店铺的信任感。另一方面，可以提升外卖店铺的形象。优质评价的置顶可以展示店铺的优势和特点，提升店铺形象，打造店铺的标志，吸引更多顾客选择消费。置顶的优质评价可以给顾客提供一个积极的心理环境，激发顾客的社交欲望，在一定程度上甚至可以直接影响顾客的购买决策，使其更倾向于选择这家店铺。将优质评价置顶也可以鼓励其他顾客给出更多积极的评价，形成良性循环，提升整体评价水平。

（四）打造超预期体验，刺激顾客好评

在顾客预定的菜品之外，商家可以额外赠送一些小菜、饮品，或是在包装盒上放一张温馨的提示语小卡片，这些都会在无形之中树立亲切的商家形象，为顾客提供超预期的点单体验。

在菜品摆放和包装的外观设计上，商家也可以做出一些调整，让菜品的包装摆放更加精美，使顾客有分享、点评的欲望，也使之后的顾客能有一个菜品实例的参照，从而使其对外卖店铺会有更好的印象。

任务实施

一、完成对店铺评分与评价的调研，并填写表 4-5-1。

表 4-5-1　店铺的评分与评价

店铺名称	店铺评分	品类	优质评价数	差评数

二、请挑选美团外卖平台上评分在 4.5 以下的一家店铺和评分在 4.8 以上的一家店铺，分析各自的得分原因。

_____

_____

_____

三、根据所学知识，挑选一家低评分店铺，为其制定提升店铺评分的策略。

_____

_____

_____

任务拓展

结合外卖店铺特点，为所选店铺设计一个评价模板，并以小组为单位对其可行性进行讨论。

思考与练习

1. 美团外卖店铺的评分系统是如何影响一家店铺的曝光度的？（　　　）
   A. 高评分店铺获得更多曝光　　　　B. 评分系统与曝光度无关
   C. 只有差评影响曝光度　　　　　　D. 所有店铺曝光度相同
2. 在美团外卖平台，顾客提交的评价通常不包括以下哪项？（　　　）
   A. 食物味道　　　B. 价格水平　　　C. 快递服务　　　D. 店铺装修

3. 如果一家外卖店铺想提高其在美团上的整体评分，以下哪项措施最有效？（ ）

A. 提高价格 B. 改善食品质量

C. 减少广告投放 D. 增加更多菜品选项

4. 顾客在美团上发表的好评通常包括哪些元素？（ ）

A. 只有文字 B. 文字和图片 C. 只有视频 D. 视频和文字

5. 在美团外卖的评价中，哪些因素可能会影响顾客的整体满意度评分？（ ）

A. 配送速度 B. 食品质量和配送速度

C. 价格和食品样式 D. 所有上述因素

项目四 任务评价

完成本项目任务的学习后，请对任务过程和结果的质量进行评价及总结，填写下列任务评价表。自我评价由学习者本人填写，小组评价由组长填写，教师评价由任课教师填写。

任务评价表

项目	评价内容	组别			
		评价标准			
		所占分值	自我评价（30%）	小组评价（20%）	教师评价（50%）
准备阶段	学习准备充分，具备责任心	5			
过程管理	1. 遵守纪律，服从管理	5			
	2. 实施过程安全合理	10			
	3. 有较强的自学能力和团队意识	5			
任务实施	1. 能对店铺 LOGO 进行优缺点分析，并绘制 LOGO 草图	10			
	2. 能对店铺名称进行优缺点分析，并设计店铺名称	10			
	3. 能对店铺配送方式进行调研分析	15			
	4. 能对店铺营销活动进行分析	10			
	5. 能通过店铺评价打造高分店铺	10			
实施成效	1. 按时完成任务	10			
	2. 遵守 7S 的工作要求	10			
小组评语及建议		指导教师： 　　　　年　　　月　　　日			

项目五

下单转化：
激发下单欲望

项目概述

　　在竞争激烈的市场中，外卖店铺需要采取多种策略来吸引顾客并促使他们完成购买。本项目内容旨在帮助学生掌握如何通过店铺的整体美工设计来提升店铺美化度；通过店铺核心卖点的提炼、产品优势的挖掘，将产品进行分类整合，再根据不同产品特色进行销售；依据节假日、促销活动进行分销整合，引导顾客进行分类购买，更好地将店铺产品销售出去。通过对销售各环节的分步式安排，能够对店铺进行整合评估，使得销售的整体过程更加真实、可靠，激发顾客的下单欲望，提升店铺的销售额和顾客满意度。

项目五　项目资讯

任务 1　美工设计

任务引入

有一家叫作"美味家园"的店铺，它的特色是提供新鲜美味的家常菜外卖服务，店主李明是一位热爱美食的年轻人，他对美食有着独特的理解和热情。为了吸引更多的顾客，李明决定雇佣一位美工来设计店铺的宣传物料。

于是，李明找到了一位名叫王芳的美工师傅，王芳精心设计了一系列富有家庭温馨感的宣传海报和折页，以及店铺的 LOGO 和宣传语。温暖的色彩和颇具吸引力的插画，让每一张宣传物料都充满了美食的诱人气息。王芳还设计了一款可爱的店铺外卖包装盒，让顾客在拿到外卖时也能感受到"美味家园"的温暖。

请结合案例资料，思考在店铺美工设计方面应该如何提升店铺的整体观感。

任务要求

◆ 通过查找资料梳理外卖店铺美工设计的切入角度。
◆ 总结外卖店铺在进行美工设计后的变化和意义。

学习目标

★ 能梳理店铺美工设计的角度和环节。
★ 学会利用软件工具对店铺主页、详情页、产品描述等方面进行完善。
★ 能总结出店铺美工设计上的不足，并提出改进措施。
★ 养成小组合作的团队意识，提高分析、总结问题的能力和表达、演讲的能力。

相关知识

一、店铺美工设计的定义及内容

店铺美工设计是指负责店铺视觉呈现的专业人员通过运用设计技能和创意思维，将店铺的品牌形象、产品特色以及活动信息等以更好的视觉化方式展现给顾客。在电商平台上，如美团外卖，店铺的美工设计显得尤为重要，有助于店铺从激烈的竞争中脱颖而出，吸引并留住顾客的注意力（店铺的美工设计见图 5-1-1）。

店铺美工设计的主要工作包括以下几个方面。

图 5-1-1　店铺的美工设计

（1）店铺整体风格设计：根据店铺的品牌定位、目标顾客群体以及产品特性，确定店铺的整体视觉风格。这涉及色彩搭配、字体选择、图片风格选定等多个方面，要确保店铺的视觉呈现与品牌形象一致（店铺商品的色彩搭配见图5-1-2）。

图5-1-2 店铺商品的色彩搭配

（2）主页与详情页设计：主页是顾客了解店铺的第一扇窗口，在进行店铺美工设计时需要确保主页的设计既美观又实用，能够清晰地展示店铺信息、菜品分类、优惠活动等。同时，详情页的设计也至关重要，需要突出产品的特色和优势，激发顾客的购买欲望。

图5-1-3 菜品图片

（3）菜品图片设计与处理：菜品图片是顾客选择菜品的重要依据，因此进行店铺美工设计时要需要对菜品图片进行拍摄和后期处理，确保图片真实、美观，能够充分展示菜品的外观和质感（见图5-1-3）。

（4）活动页面与广告创意设计：针对平台上的促销活动，在进行店铺美工设计时需要优化相应的活动页面布局和广告创意，突出活动主题和优惠力度，吸引顾客参与。

（5）优化更新与维护：根据店铺的运营数据和顾客反馈，在进行店铺美工设计时需要定期对店铺的视觉呈现进行优化和更新，确保店铺始终保持最佳状态。

二、外卖店铺美工设计的注意要点

外卖店铺美工设计需要关注线上平台的展示效果，因为顾客通常需要通过外卖平台来浏览菜单和下单。应设计吸引人的菜品文字及图片、品牌标志字体、产品促销信息、个性化专栏、响应式展示和导航板块等。

（1）品牌风格：根据店铺的品牌定位和风格特点，设计出符合品牌形象的店铺风格，保持品牌的一致性和关联性。

（2）吸引力：利用鲜亮的颜色、吸引人的图片和视觉元素，吸引顾客眼球，让顾客在众多店铺中更容易发现和记住你的店铺。

（3）内容清晰明了：在店铺美工设计中应清晰明了地展示店铺的名称、特色菜品、促销活动等信息，让顾客一目了然。

（4）界面友好：确保店铺用户界面的按钮、图片和文字排版清晰、易读，让顾客在浏览和下单时没有障碍。

（5）品质感：展示出食物的美味和品质，让顾客在浏览店铺时能产生食欲，激发其下单的欲望。

此外，外卖店铺美工设计也需要不断优化，根据顾客反馈和数据分析，不断调整和改进，以提升顾客体验和店铺的转化率。

三、着手进行外卖店铺美工设计的六大要点

外卖店铺美工设计的过程可以从以下六个角度进行切入，这样可以让美工设计的各步骤更具有针对性、切近性。

（1）整体装修：风格定位、布局排版、商品陈列、引导购物。

（2）图片：突出风格与主题，能表达店铺理念，排列美观整齐。

（3）文案：文案精炼、图文并茂、搭配协调。

（4）色彩：符合品牌风格和定位，与产品相搭配，能凸显价格和品质优势。

（5）促销图：紧张气氛、活动力度、降低顾虑、诱导因素。

（6）标识：传播企业理念、提升企业知名度。

四、外卖店铺美工设计流程

（1）店铺头像：分为图片 LOGO、菜品图片、图片 LOGO+文字三种类型。

（2）海报设计：分为品牌文化宣传海报、主题活动宣传海报两种。

（3）橱窗设计：用于展示的产品有三种，包括销量最高的产品、优惠商品和利润空间大的产品；橱窗名称。

（4）整体加工并完善细节。

 任务实施

有一家名为"食光小站"的外卖店铺。假设你现在是这家店铺的经营者，主要负责提供各种快餐，但随着市场竞争的加剧，你意识到需要做出改变以吸引更多的顾客。请根据所学相关知识，进行店铺的美工设计。

（1）需考虑店铺自身的经营特色、经营范围和经营种类。

（2）需根据店铺自身的特色来进行有针对性的创意美工设计。

步骤一：店铺产品界定（见表5-1-1）。

表 5-1-1 店铺产品界定

菜品类别	风格特色	存在问题
轻食（蔬菜沙拉）	产品包装简约	色调单一，外包装简陋

步骤二：搜集近似店铺成功经营的案例（销量较大、排位靠前的店铺）并进行经验总结。

步骤三：绘制店铺美工设计草图。

要求：（1）参照示意图 5-1-4 进行店铺美工设计草图的绘制以及文案的设计与规划。

（2）在草图内明确图片所在位置，明确文案具体内容的撰写和位置安排。

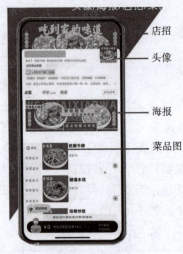

图 5-1-4 示意图

🏵 任务拓展

思考：在堂食店铺的美工设计方面有没有值得外卖店铺借鉴的内容？

思考与练习

1. 在店铺的美工设计中，以下哪个因素对于提高商品的吸引力最为重要？（　　）

A. 商品的价格　　　　　　　　　　B. 商品的质量

C. 商品的图片和描述　　　　　　　D. 商品的销量

2. 在店铺的美工设计中，以下哪种布局方式通常被认为是最容易吸引顾客注意的？
（　　）

A. 居中布局　　　　　　　　　　　B. 左对齐布局

C. 右对齐布局　　　　　　　　　　D. 栅格布局

3. 以下哪种布局方式有助于提升页面的可读性和整洁度？（　　）

A. 随意摆放元素，追求个性　　　　B. 使用网格系统规划页面布局

C. 堆叠大量文字和图片，信息丰富　D. 仅使用单一色彩和字体

4. 在外卖店铺的美工设计中，哪种色彩搭配原则通常用于突出产品的主要卖点或
吸引顾客的注意力？（　　）

A. 邻近色搭配　　B. 对比色搭配　　C. 类似色搭配　　D. 互补色搭配

5. 在设计商品详情页时，以下哪个元素通常被放置在页面顶部，以快速吸引顾客
的注意力？（　　）

A. 用户评价　　　　B. 商品主图　　　C. 物流信息　　　D. 店铺介绍

任务2　卖点提炼

任务引入

"味之轩"美食店的店主是一位热爱烹饪的年轻女士，名叫苏菲。她的店铺以经营最近火热的天水麻辣烫为特色，食材安全、健康，包装精致，但顾客的下单量却一直上不去，苏小姐随即找到了相应的外卖运营师进行沟通，想请运营师帮忙解决自己的问题。

任务要求

◆ 通过浏览美团外卖店铺的菜品，进行菜品特色的总结。
◆ 尝试撰写菜品描述。
◆ 将总结好的菜品描述进行卖点关键词梳理，并据此对其进行整理分类。

学习目标

★ 能通过对外卖平台菜品特色的总结，提高信息提炼的准确性。
★ 面对外卖平台大量的文案内容，能通过提炼关键词进行内容管理和分类。
★ 能对外卖店铺菜品的核心卖点进行提炼。
★ 提升文化素养和文案撰写能力。

相关知识

一、卖点关键词的定义

外卖菜品的卖点关键词是指在外卖平台上用于描述菜品特征、吸引顾客注意力并促进搜索匹配的词语或短语。这些关键词对于提高菜品在外卖平台上的可见度和搜索排名至关重要。以下是外卖菜品卖点关键词的一些特点。

（1）相关性：关键词必须与菜品直接相关，准确反映菜品的种类、口味、食材或特色。

（2）独特性：关键词应具有独特性，能够区分你的菜品与竞争对手的产品。

（3）流行性：使用顾客常用的搜索词语，这些词语可能因地区、文化或流行趋势而异。

（4）简洁性：关键词应简洁明了，便于顾客快速理解。

（5）多样性：根据不同的菜品特点和顾客需求，使用多个关键词来覆盖更广泛的搜索查询。

（6）目标性：关键词应针对特定的顾客群体，如健康意识强的顾客、素食者或寻求快速简便餐食的上班族。

外卖菜品卖点关键词的选择是一个动态过程，需要根据市场研究、顾客反馈和数据分析不断进行优化，正确使用关键词可以显著提升外卖店铺的在线表现和顾客满意度。

二、卖点的提炼方法

菜品的卖点提炼是创作吸引人且有效的菜品描述的关键。以下是一些提炼菜品卖点的方法。

（一）理解菜品特点

需要深入了解菜品的特性，包括食材、烹饪方法、口感、风味等。菜品的口味可以是咸、甜、酸、辣、苦等，或者这些口味的组合；使用的主要食材：肉类、海鲜、蔬菜、豆制品等；烹饪方法：炒、煮、蒸、烤、炖、炸等；营养价值：菜品中包含的营养成分，如蛋白质、维生素、矿物质等；外观：菜品的颜色、形状和摆盘方式；温度：菜品的热度，可以是热菜、温菜或冷盘；价格：菜品的性价比，是否符合顾客的预算。

（二）确定目标顾客

不同的菜品适合不同的顾客群体。了解目标顾客的口味偏好、饮食习惯和需求，有助于更准确地提炼卖点。例如，如果目标顾客是健康饮食者，"轻食""沙拉""藜麦""全麦"等可以作为菜品卖点。

确定菜品的目标顾客包括以下具体步骤：

第一步：通过问卷调查、访谈、小组讨论等方式进行市场调研；

第二步：人口统计分析，考虑年龄、性别、收入水平、教育背景等人口统计特征；

第三步：心理特征分析，了解潜在顾客的生活方式、价值观、个性和购买动机等；

第四步：顾客画像创建，基于研究结果进行目标受众画像，结合他们的消费习惯和购买动机来进行综合分析；

第五步：利用数据分析工具，通过网站流量分析来了解顾客行为，分析顾客的评价和反馈，进而进行有针对性的处理。

（三）核心卖点锁定

在提炼卖点时，不仅要关注菜品的整体特点，还要关注细节描述。例如，菜品的色泽、口感、摆盘等都可以作为提炼卖点的素材。例如，在描述一道红烧肉菜品的文案中，"色泽红亮""肥而不腻""入口即化"等都是关键的细节描述。

（四）使用情感词语

在菜品描述中，使用情感词语可以增强感染力，使顾客产生共鸣。例如，"回味无穷""欲罢不能""美味至极"等都是能够引发顾客情感共鸣的词语。也可以使用趣味性的文字，如"小过瘾""小把戏"等（包含情感词语的菜品文案见图5-2-1）。

宫保鸡丁 | 小过瘾

宿州宫保鸡丁热销第2名

月售200　好评度94%

¥8.99

到手预估　¥6.99

图 5-2-1　包含情感词语的菜品文案

（五）考虑文化背景

不同的菜品有着不同的文化背景和故事。在提炼卖点时，可以考虑将这些文化元素融入其中。例如，在描述一道具有历史传承特质的菜品时，"百年传承""经典之作""匠心独运"等都是能够突出其文化价值的卖点。

（六）使用工具辅助

可以使用一些在线工具或软件来帮助你提炼卖点。例如，使用关键词分析工具可以分析出顾客在搜索菜品时常用的关键词组合。同时，也可以参考其他成功的菜品描述案例，学习他们是如何提炼和使用关键词作为卖点的。

（七）测试与调整

在完成菜品描述后，可以通过测试来验证卖点提炼的有效性。例如，可以将菜品描述方案发布到社交媒体或网站上，观察顾客的反应和反馈。根据测试结果进行调整和优化，使菜品描述更加符合顾客的口味和需求。通过以上方法，你可以更准确地提炼出菜品的卖点，创作出更具吸引力和感染力的菜品描述。

三、菜品卖点提炼的意义

（一）增强信息的准确性

卖点是菜品描述文案的精髓，它直接关联到文案所要传达的核心信息。通过精确提炼卖点，可以确保文案信息的准确性和清晰度，让读者能够迅速理解文案的主题和意图，了解外卖店铺菜品的核心特点。

（二）优化搜索引擎排名

对于店铺菜品的线上文案而言，其卖点的提炼对于顾客搜索相关菜品至关重要。搜索引擎通过已经锁定的菜品卖点关键词来向顾客呈现搜索结果，因此提炼菜品的核心卖点可以进一步提升菜品名称的点击量，合理的卖点关键词布局和密度还可以提高菜品在店铺搜索结果中的排名，进而增加曝光度和流量。

（三）便于菜品内容的管理和分类

通过提炼卖点关键词可以方便地进行内容管理和分类，这有助于菜品关键信息的检索，提高菜品的选择效率，减少冗余信息，并使顾客能够更加方便地找到所需的信息。

四、外卖平台卖点提炼的注意事项

（一）突出食材优势

强调食材的新鲜、天然、有机等特性。例如，使用"有机蔬菜""当季水果"等卖点关键词，在菜品的质量上给予顾客一定的承诺保障，保障吃的安心与放心。

（二）强调烹饪工艺

突出烹饪方法的特点，如"慢炖""低温烹煮""传统手艺"等，强调菜品经过精心烹饪。如果烹饪过程中使用了独特的调料或秘制配方，可以提炼为卖点关键词，如"秘制酱料""独家配方"等。

（三）借鉴竞争对手

了解其他外卖平台的优势和不足，从而提炼出更具竞争力的卖点关键词。如"秘制酱料""独家配方"。

任务实施

假如你是某麻辣烫品牌的外卖店店长请来的运营师，现需要你根据目前店铺遇到的状况，结合所学知识来解决如下问题。

步骤一：撰写店铺菜品描述。

以下是店铺的一些菜品分类。

（1）各类火锅串：鱼丸、牛肉丸、火腿丸、虾丸、鱼丸。

（2）蔬菜类：菠菜、芫荽（香菜）、茼蒿、平菇、生菜等。

（3）豆制品：豆腐皮、老豆腐、豆腐泡等。

（4）海鲜和肉制品：鲜虾、蛤蜊、毛肚、蟹棒、里脊、香肠、猪血、鸡翅、午餐肉等。

根据菜品的分类撰写菜品描述，并将相关内容填入表5-2-1。

表 5-2-1　菜品描述

菜品描述的内容	加工后的内容
新人套餐【里脊肉豪华套餐】	干饭人福利【新人吃饱套餐】

步骤二：根据平台店铺经营内容将单点餐品和套餐进行区分，并提炼核心卖点，填入表5-2-2。

表 5-2-2　核心卖点

单点餐品：	
菜品：海带	核心卖点：爽口
套餐：	
经典老式麻辣烫	核心卖点：鲜香麻辣

步骤三：对比其他平台排名靠前的店铺，分析其菜品描述有什么特色。

步骤四：根据以下词语，选取具有代表性的菜品，进行核心卖点的发散性思维导图设计，或进行思维开拓，补充其他你认为可供参考的卖点文案。

鲜嫩多汁	原料丰富	健康绿色
酸甜可口	软糯鲜香	奶香十足

完成思路：

（1）挑选合适店铺——×××店铺。

（2）店铺菜品——××××××菜品。

（3）根据店铺评价提炼相关产品卖点。

（4）圈出最核心的卖点文案，并对具体内容进行描述。

任务拓展

寻找美团餐饮平台上排名靠前的店铺，学习他们是如何通过提炼菜品卖点来提升人气的。

思考与练习

1. 为外卖平台菜品撰写卖点文案时，如何有效地吸引顾客的注意力并激发他们的购买欲望？

2. 在菜品描述文案关键词的提炼过程中，如何巧妙地展现菜品的特色，同时吸引并打动顾客的内心？

学习笔记

任务3　分类促购

任务引入

在繁忙的都市中，有一家名为"味可"的外卖店，其以快速的配送服务和美味的食品在顾客中享有盛誉。然而，随着市场竞争的加剧，店主张三意识到需要采取一些新的策略来吸引更多的顾客并提高销售额，于是从菜品分类、顾客反馈、策略调整、媒体宣传等方面对店铺的分类促购采取了相应的措施。

请结合案例资料，分析目前外卖行业对分类促购的重视程度。

任务要求

◆ 对外卖菜品进行分类。
◆ 理解顾客的下单效率对促进销售量增加的重要作用。
◆ 抓住分类促销的关键点。
◆ 帮助外卖商家优化菜品分类，激发顾客的购买欲望。

学习目标

★ 能对外卖市场进行分析，了解顾客对外卖服务的需求和偏好。
★ 能利用数据分析工具来评估分类促购的效果，并根据反馈进行调整。
★ 培养独立思考、独立分析的能力，树立创新意识。

相关知识

一、外卖菜品分类依据及相关内容

外卖菜品分类是指将外卖菜单中的菜品按照一定的标准或特征进行分组，以便顾客浏览、选择和下单，同时也方便商家进行管理和推广，进而优化库存管理、提升用户体验、提高运营效率。以下是基于不同依据进行的菜品分类。

（1）**菜系分类**：根据菜品所属的菜系进行分类，如川菜、粤菜、湘菜、鲁菜等。

（2）**口味分类**：根据菜品的口味进行分类，如麻辣、酸甜、咸鲜、清淡等。

（3）**食材分类**：根据菜品的主要食材进行分类，如海鲜、肉类、蔬菜、豆制品等。

（4）**烹饪方法分类**：根据菜品的烹饪方式进行分类，如炒、炖、烤、蒸、煮等。

（5）**价格分类**：根据菜品的价格区间进行分类，如经济实惠、中等价位、高端等。

（6）健康营养分类：根据菜品的健康程度和营养价值进行分类，如低脂、高蛋白、低糖等。

（7）功能性分类：如减肥餐、儿童餐、孕妇餐、老人餐等。

（8）套餐分类：一些外卖平台会提供套餐选项，如单人餐、双人餐、家庭套餐等。

（9）特色分类：根据餐厅的特色菜品进行分类，如招牌菜、热销菜、新品推荐等。

（10）用餐时间分类：根据适合用餐的时间进行分类，如早餐、午餐、晚餐、夜宵等。

（11）顾客评价分类：根据顾客评价的高低进行分类，如高评分菜品、顾客推荐等。

（12）出餐速度分类：对于急需用餐的顾客，可以提供快速出餐的选项。

（13）节日或季节性分类：根据特定节日或季节推出特色菜品，如春节团圆餐、圣诞节限定餐、夏季清凉菜等。

二、影响菜品分类的因素

菜品分类是餐饮业中对菜品进行系统化组织的一种方式，它有助于顾客在点餐时快速找到感兴趣的食物，同时也方便餐厅或外卖服务进行有效的菜品管理和营销。

（1）简化菜品名称：菜品名称应简单明了，避免使用难以理解的词语，以便顾客能够迅速识别菜品。

（2）实时查看菜品热度排行榜：根据热度较高的菜品推选出人气较高的菜品名录，进行有针对性的产品促销与销售。

（3）多时段经营分类：对于提供多时段服务的商家，可以按照不同的用餐时间进行分类，如早餐、午餐、下午茶、晚餐和夜宵。

（4）避免在显眼位置放置高价菜品：过高的价格可能会影响顾客对店铺的整体印象，导致顾客流失。

（5）控制菜名长度：菜名应尽量简短，以便在菜单上一目了然，减少顾客的阅读负担。

（6）套餐命名清晰：套餐应明确标注包含的菜品和适合的人数，如"酸菜豆角米饭单人餐"。

三、分类促购的基础

按消费习惯分类：根据顾客点外卖的频率、生活习惯、外卖类型及平台偏好进行分类。顾客点外卖的次数和频率是有所差别的，有的每周超过 5~6 次，有的 2~3 次；外卖类型的偏好方面，顾客偏好的外卖类型包括特色小吃、奶茶甜品等；外卖平台的使用方面，美团和饿了么是顾客常用的外卖平台，占据市场的主导地位。

按顾客特征分类：根据顾客所处的地理位置、所在城市的等级以及顾客的心理特征、生活方式、购买行为、服务需求、文化背景等进行分类。

按流行主题分类：可以根据节日促销、限时折扣、会员优惠活动、新品上市等进行分类。

🌸 任务实施

根据目前外卖市场的发展情况，对外卖平台上的菜品进行分类，并对店铺排名进行整合。外卖平台店铺情况如表 5-3-1 所示。

表 5-3-1 外卖平台店铺情况

品牌名称	品类	本月总销量/万单	较上月销量增减/万单	店铺总数/家	较上月店铺数增减/家	平均每家店铺销量/单
华莱士	炸鸡汉堡	3 051.6	278.2	16 929	288	1 802.6
蜜雪冰城	奶茶饮品	1 610.8	433.5	11 831	586	1 361.5
茶百道	奶茶饮品	1 056.3	91.7	3 427	158	3 082.3
肯德基	炸鸡汉堡	821.0	75.3	6 461	−6	1 270.7
古茗	奶茶饮品	690.6	84.5	3 896	77	1 772.6
书亦烧仙草	奶茶饮品	673.4	29.7	5.555	90	1 212.2
沙县小吃	快餐	655.3	15.1	14 666	−266	446.8
叫了只炸鸡	炸鸡汉堡	564.9	41.0	4 621	−93	1 222.5
麦当劳	炸鸡汉堡	556.2	−1.2	2 950	42	1 885.4
杨国福麻辣烫	麻辣烫	531.0	41.1	4 424	33	1 200.2

一、根据表 5-3-1，总结店铺排名及其主要经营业务，填入表 5-3-2。

表 5-3-2 店铺名称及经营业务和排名

店铺名称及经营业务	店铺排名
华莱士（炸鸡、汉堡等快餐）	1

二、总结排名靠前店铺的销售特色（如营销特色、菜品分类依据等）。

三、在即将到来的"618"店铺活动中，如果你负责进行店铺产品的分类促购，你会如何计划与安排？（请从外卖菜品分类的依据进行切入。）

四、完整设计一次店铺外卖活动，并对活动内容进行安排与策划。

举例：

店铺名称：甜蜜冰城

活动主题：夏日狂欢，美味不停歇

活动时间：6 月 10—30 日

活动内容（满减优惠）：

1. 满 50 元减 10 元，满 100 元减 25 元；

2. 折扣套餐：推出 3 款特色套餐，享受 7 折优惠；

3. 买一送一：指定饮品买一送一。

宣传推广：

1. 在店铺海报位置展示活动海报；

2. 通过短信方式向老顾客推送活动信息。

活动规则：

1. 活动仅限外卖订单参与；

2. 活动优惠不与其他优惠叠加使用；

3. 活动商品数量有限，售完即止；

4. 最终解释权归本店所有。

❀ 任务拓展

收集分类促购的成功案例（外卖餐饮方向），需分析影响因素、菜品特点、促销方式。

📝 思考与练习

1. 以下哪项不是外卖分类促购的常见分类方式？（　　）

A. 按价格分类　　　　　　　　　　B. 按食品类型分类

C. 按顾客性别分类　　　　　　　　D. 按健康选项分类

2. 外卖店铺进行分类促购时，以下哪项不是其可能的目的？（　　）

A. 提升顾客的购买量　　　　　　　B. 增加顾客的复购率

C. 减少店铺的利润　　　　　　　　D. 提升店铺的知名度

3. 以下哪项不是外卖店铺在设计分类促购活动时需要考虑的因素？（　　）

A. 菜品的成本　　　　　　　　　　B. 顾客的支付意愿

C. 菜品的受欢迎程度　　　　　　　D. 店铺的装修风格

4. 以下哪项措施最可能在外卖分类促购中提升顾客的满意度？（　　）

A. 提高菜品价格　　　　　　　　　B. 提供多样化的菜品选择

C. 减少菜品种类　　　　　　　　　D. 降低菜品质量

5. 在外卖分类促购中，以下哪项不是提升顾客购买意愿的方法？（　　）

A. 提供清晰的菜品描述　　　　　　B. 使用复杂的菜品分类

C. 提供多样化的支付选项　　　　　D. 提供快速的配送服务

任务4　活动定价

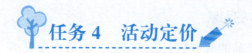

任务引入

在一座充满活力的城市里，有一家名为"快味达"的外卖餐厅，主要提供中式快餐，如炒饭、炒面、饺子等，其以快速的配送服务和美味的菜品在外卖行业中小有名气。为了吸引更多的顾客并提升销量，餐厅老板李明决定策划一场特别的促销活动。"快味达"外卖餐厅位于繁华的商业区，由于周边有许多办公楼和居民区，外卖需求量大，竞争也相当激烈。李明希望通过这次活动，不仅可以增加短期内的销量，还能提高"快味达"的品牌知名度和顾客忠诚度。

请结合案例资料，分析目前外卖行业应如何实施和把控促销活动中的价格定位。

任务要求

◆ 通过一系列的促销活动和推广策略，增加短期内产品的销量。
◆ 提高外卖餐饮品牌知名度和顾客忠诚度。

学习目标

★ 能通过分析商家为吸引顾客或庆祝特定事件而开展的各种促销活动，了解外卖餐品的活动定价策略。
★ 能从店铺自身、定价策略、节庆活动、顾客心理等方面进行多角度的定价把控分析。
★ 培养主动学习、独立思考分析的能力。

相关知识

一、外卖餐品的活动定价角度

（1）市场调研：对周边的外卖市场进行调研，了解顾客的消费习惯和竞争对手的活动定价策略。

（2）成本分析：对餐品的成本进行详细分析，确保活动定价既能吸引顾客，又不会亏本。

（3）心理定价：考虑到顾客对价格的敏感度，采用心理定价策略，如将价格定为19.99元，而不是20元，以吸引顾客。

（4）捆绑销售：设计几个餐品组合，以捆绑销售的方式提供折扣，鼓励顾客购买更多。

（5）限时折扣：设置在每天的特定时段提供额外优惠，以刺激高峰时段外的销售。

（6）会员制度：为了提高顾客忠诚度，推出会员制度，会员可以享受更低的折扣。

二、影响活动定价的因素

（1）成本价格：产品的成本是定价的基础，包括直接成本（如原材料、人工）和间接成本（如管理费用、租金等）。商家需要确保定价能够覆盖成本并获得预期利润，从传统堂食餐饮和外卖餐饮的成本结构对比中可以看出，外卖的发展潜力和空间更大一些（传统堂食餐饮和外卖餐饮的成本结构对比见图 5-4-1）。

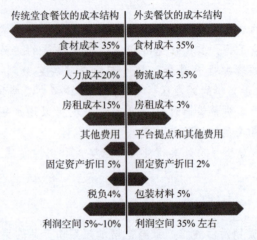

图 5-4-1 传统堂食餐饮和外卖餐饮的成本结构对比

（2）顾客的支付意愿：顾客对价格的敏感度和支付意愿也是影响活动定价策略的因素，需要考虑顾客的接受程度。影响顾客支付的因素有很多，比如，对价格的敏感程度、顾客的收入水平、对品牌的忠诚度、个人偏好和需求等。

（3）促销和折扣：促销活动、优惠券、折扣等可以提升顾客的购买意愿，提高支付概率。通过一系列的活动促销定价，可以提升顾客的下单转化率。

（4）市场竞争状况：激烈的市场竞争可能迫使商家提供更有吸引力的价格，从而提升顾客的支付意愿。

（5）产品和服务的质量：高质量的产品或服务更容易获得顾客的认可和购买。外卖商家应力求为顾客提供较高的产品与服务质量，以提升顾客对产品的信任度，提高下单率。

三、活动定价策略的具体实施

定价策略是企业或商家在制定产品或服务价格时所采用的一系列计划和方案，不仅关系着企业或商家利润的高低及其市场竞争力的强弱，还会影响品牌形象、顾客满意程度和企业或商家的长期发展。为了更好地进行活动定价，需要制定一系列实施策略。

（一）临界价格法

什么是临界价格？其实就是靠近整数，但并未达到，处于一种临界的状态。如常见的 388 元、398 元都是临界价格，它们的价格值其实和 400 元差别不大，但就是容易让顾客产生一种前者更优惠的感觉，刺激顾客的消费欲望，这就是临界价格的魅力。

所以，在外卖平台上经常会看到一些菜品的定价为19.99元、0.99元等。

（二）心理价格法

心理价格法实际上就是产品的折扣都是一样的，但要选择让顾客觉得价格更优惠的表述方式的一种定价策略。例如，五折优惠和半价出售，意思是一样的，但半价却更能吸引顾客的眼球。

（三）多重折扣法

这是不少商家都会用到的定价策略，指在向顾客发放优惠券的同时，再通过叠加购物津贴或者红包等方式降低商品价格，是非常容易引起顾客好感的方法，因为没有顾客会拒绝更优惠的产品。比如，在满减优惠"满50元减10元，满60元减12元"的基础之上，叠加满赠活动"满20元，赠送一份饮料"等。这种激发人们凑单消费的活动，是定价策略的一种有效的实施方式。

✿ 任务实施

在"618""双十一"等大促活动期间，为了更好地吸引更多顾客下单，提高产品销量，外卖平台可以根据自己的实际情况调整促销方案。

步骤一：列举出你认为可行的促销方案（10个以内），如限时折扣、满减活动等。

步骤二：分析外卖行业中影响活动定价的因素（如产品成本、竞争对手的定价），填入表5-4-1中。

表5-4-1 外卖行业中影响活动定价的因素

竞争产品的类型	促销与折扣	顾客支付意愿	活动时效
饮品	满减活动	热情度高	"双十一"期间

步骤三：设计一份关于美团外卖的调查问卷，从顾客的角度了解影响活动定价的因素。

步骤四：你经营了一家名为"小谷拌面"的外卖店铺，现在恰逢节假日，你需要为自己的店铺制定促销方案，以尽可能多地吸引顾客。

注意：需要综合考虑产品特点、店铺自身特色、想要达到的目标等方面内容。

 ## 任务拓展

分析古茗奶茶店是怎样结合店铺周年庆或节假日来进行活动定价的。

思考与练习

1. 外卖店铺在进行"买一送一"活动时，以下哪项不是其可能考虑的因素？（　　）

A. 商品的成本　　　　　　　　　　B. 商品的库存量

C. 顾客的购买习惯　　　　　　　　D. 顾客的差评数量

2. 以下哪项不是外卖店铺进行"新顾客首单优惠"活动的目的？（　　）

A. 吸引新顾客　　　　　　　　　　B. 增加顾客的复购率

C. 提升店铺的知名度　　　　　　　D. 增加顾客的好评率

3. 外卖店铺在进行活动定价时，以下哪项不是其需要考虑的因素？（　　）

A. 竞争对手的定价　　　　　　　　B. 顾客的支付意愿

C. 店铺的运营成本　　　　　　　　D. 店铺的装修风格

4. 以下哪项措施最有可能降低外卖店铺的顾客满意度？（　　）

A. 提供积分制度　　　　　　　　　B. 提高菜品的质量

C. 增加菜的种类　　　　　　　　　D. 减少菜品的分量

5. 以下哪项不是外卖店铺进行"限时抢购"活动时需要考虑的因素？（　　）

A. 抢购商品的数量　　　　　　　　B. 抢购商品的种类

C. 抢购的时间长度　　　　　　　　D. 店铺的员工数量

任务引入

在快节奏的都市生活中，每个人都像是一座孤岛，忙碌而疏离。然而，有一个平台却以其独有的方式，让这些孤岛连接起来，它就是外卖，在繁忙的生活中，吃上一口热腾腾的饭菜，让人内心感到舒适与温暖，瞬间就可忘却外面的严寒。外卖员微笑着将饭菜交到我手上时的那种亲切感，就像是回到了久违的家。

请结合案例资料，分析影响顾客对外卖店铺做出好评的因素有哪些。

任务要求

◆ 从店铺自身、顾客选择、市场分析、搜索排名、价格策略等方面分析好的店铺评价的重要性。

◆ 主动收集并分析平台上店铺的评价。

◆ 分析应如何增强顾客对店铺的依赖性。

学习目标

★ 能理解顾客评价对于外卖店铺而言的重要性。

★ 了解外卖店铺评价系统，掌握能将评价和营销有机结合的方法。

★ 培养独立思考、综合分析与评价的能力。

相关知识

一、店铺评价

店铺评价是顾客对店铺服务、产品质量、环境等方面的反馈和评论，这些评价通常包括评分、文字评论、图片或视频等内容。一个好的评价可以提升店铺的声誉和吸引更多顾客，而负面评价则可能影响店铺的生意。以下是一些店铺评价的例子。

1. 正面评价

（1）这家店铺的服务非常周到，员工态度友好，让人感到宾至如归。

（2）菜品味道正宗、分量十足、价格合理，下次还会再点。

（3）外卖速度快、包装完好、食物新鲜，非常满意。

2. 中立评价

（1）菜品味道一般，没有特别突出的地方。

（2）价格适中，但配送速度有点慢，希望能有所改进。

（3）菜品种类较少，选择性不大。

3. 负面评价

（1）服务态度差，食物难吃，很失望。

（2）菜品质量不稳定，这次食物的味道和食材的新鲜程度明显不如上次。

（3）配送时间太长，菜品全部凉了，无法下咽。

4. 建议性评价

（1）如果能够增加一些特色菜品，相信会吸引更多顾客。

（2）建议店家提高出餐速度，骑手就可以早点配送到顾客手中。

（3）外卖包装可以更环保一些，使用可降解材料。

二、店铺评价的重要作用

店铺评价对于商家而言具有多方面的重要性，体现在如下几个方面。

（1）顾客反馈：顾客反馈是其体验的直接反映，提供了第一手的顾客满意度信息。

（2）决策参考：潜在顾客往往会参考其他顾客的评价来做出消费决策。

（3）市场定位：评价可以帮助商家了解店铺在市场中的定位，以满足目标顾客群体的期望。

（4）顾客关系管理：商家可以通过回应评价与顾客建立更加紧密的关系。

（5）价格策略：通过查看顾客反馈的信息，可以实时掌握影响价格制定的关键因素。

三、店铺评价的撰写角度

想要撰写有说服力的店铺评价，关键在于提供真实、详细、客观的反馈。以下是一些撰写店铺评价时可以参考的角度。

（1）真实体验：确保评价是基于您的真实体验，不要夸大或捏造事实。

（2）进行店铺商品描述时，可以围绕以下角度展开。商品质量：描述商品的口味、新鲜度、分量等。送餐速度：评价送餐的快慢，是否在预期时间内送达。包装情况：包装是否完好，是否方便打开，是否环保。

（3）平衡观点：即使是负面评价，也应该客观地提出不满意的地方，同时提及任何积极的方面。

（4）结构清晰：组织好您的评价内容，可以按照商品质量、送餐服务、整体体验的顺序来写。

（5）使用照片：可以上传商品和包装的照片作为评价的补充，这能提供更直观的信息。

任务实施

一、浏览以下两条店铺好评（见图5-5-1），根据对应评价内容分析两家店铺各自具备的优点。

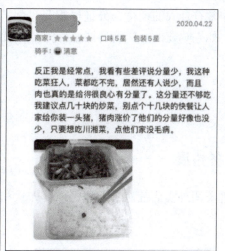

图 5-5-1 店铺好评

二、搜寻好评数量较多的店铺，浏览其评价内容，找出该店铺好评经常提及的三个亮点，并填入表5-5-1。

表 5-5-1 店铺好评经常提及的三个亮点

店铺	高分评价的语言表述	评价角度
如悦泰曼·泰式快餐	菜品口味独特，食材配置新鲜，包装盒具有创意，包装完整、送达及时	菜品： 包装： 食材：

三、请为 OMOM 酱汁炸鸡店分析其店铺评价，可以综合店家的产品口味、配送方式、包装特色、价格等方面对评价进行分析。

店铺评价内容模板如下：

今天尝试了这家外卖店铺的主打产品，点了鸡翅和鸡排。订单送达超时，比预期的时间点晚了 10 分钟。但是食物的包装非常结实，保持了食品的温度和新鲜度。鸡排的口味非常符合我的期待，分量也很足，但鸡翅稍微有点咸。整体来说，价格是有点小贵的。如果鸡翅的口味能再调整一下，那就更完美了。

 任务拓展

梳理美团外卖店铺对于差评的回复方式和语言表述。

思考与练习

1. 店铺评价通常不包括以下哪项因素？（　　）
   A. 商品质量　　　　B. 服务态度　　　　C. 店铺位置　　　　D. 价格合理性
2. 根据顾客的反馈，以下哪项最可能提升店铺的整体评价？（　　）
   A. 提高商品价格　　　　　　　　B. 增加促销活动
   C. 减少商品种类　　　　　　　　D. 提高服务质量
3. 店铺评价中，顾客通常关注以下哪项信息？（　　）
   A. 店铺的营业时间　　　　　　　B. 店铺的地理位置
   C. 其他顾客的购物体验　　　　　D. 店铺的员工数量
4. 如果一家店铺希望提升其服务质量，以下哪项措施可能效果最不明显？（　　）
   A. 定期培训员工　　　　　　　　B. 更新店铺的装饰
   C. 提供个性化服务　　　　　　　D. 增加商品的库存量
5. 一家店铺想要提高顾客的好评率，以下哪项措施可能带来最直接的正面影响？
   （　　）
   A. 增加店铺面积　　　　　　　　B. 降低商品价格
   C. 提高商品质量　　　　　　　　D. 延长营业时间
6. 以下哪项不是影响顾客对店铺评价的主要因素？（　　）
   A. 商品的包装　　　　　　　　　B. 店铺的促销活动
   C. 店铺的布局设计　　　　　　　D. 商品的价格

项目五 任务评价

完成本项目任务的学习后，请对任务过程和结果的质量进行评价及总结，填写下面的任务评价表。自我评价由学习者本人填写，小组评价由组长填写，教师评价由任课教师填写。

任务评价表

项目	评价内容	组别			
		评价标准			
		所占分值	自我评价（30%）	小组评价（20%）	教师评价（50%）
准备阶段	学习准备充分，具备责任心	5			
过程管理	1. 遵守纪律，服从管理	5			
	2. 分工协作，遵循步骤	10			
	3. 及时复习，巩固练习	10			
任务实施	1. 能清楚店铺美工设计的工作内容，能总结出外卖店铺在进行美工设计后的变化和美工设计的意义	10			
	2. 能够对总结好的菜品描述进行卖点关键词的梳理	10			
	3. 能够对菜品进行分类	10			
	4. 能分析商家的活动定价策略	10			
	5. 能了解店铺评价的维度，能够运用技巧撰写店铺评价	10			
实施成效	1. 按时完成任务	10			
	2. 遵守7S的工作要求	10			
小组评语及建议		指导教师： 　　　年　　月　　日			

项目六

复购留存：
店铺生存之道

项目概述

　　复购留存是指顾客和店铺长久保持的有价值的互动，是店铺运营策略的重中之重。通过促进顾客留存和顾客的复购，可以增加店铺的销售额、提升店铺的盈利能力，同时也有利于树立品牌形象和培养忠诚的顾客群体。

　　在策略实施的过程中，需要根据店铺的定位和产品特点，通过分析顾客行为数据、灵活运用各种手段以及不断调整和优化方案，帮助店铺建立与顾客之间的稳固关系，增加品牌价值，实现可持续发展。本项目安排了三个任务，从食材选择、产品迭代、复购营销等方面探讨增加店铺复购留存的方法，以及如何根据店铺特点和市场需求进行个性化调整，以期增强店铺的生存能力，实现创新性发展。

项目六　项目资讯

任务1　食材选择

任务引入

店铺经营者在选择食材时，需要考虑到食材的新鲜度、质量、供应商信誉以及顾客需求等诸多因素。优质的食材可以提升食品的质量，更好地满足顾客需求，增加店铺的市场竞争力，从而提高顾客体验和店铺收益。假设你正在策划开办一家外卖餐厅，主营新加坡美食，需要选择合适的食材来制作新加坡辣椒蟹等特色菜品。用特制的辣椒酱炒螃蟹，是新加坡著名的传统菜肴之一，对于这道菜的食材选择，作为店铺经营者你需要考虑哪些方面的因素？

通过认真选择合适的食材，你可以为你的外卖餐厅打造出独具特色的菜品，吸引更多顾客的关注。

任务要求

◆ 了解食材选择对于顾客复购的影响。

◆ 了解店铺主打产品的加工工艺和食材标准。

◆ 找出竞对店铺在食材方面的优势，学习借鉴、取长补短。

学习目标

★ 能通过学习相关资料整理食材选择的各个环节及其重要性。

★ 能掌握店铺主打产品的加工工艺和食材标准。

★ 能根据对竞对店铺的分析，梳理两者在食材方面的差异并进行对比。

★ 能形成对食材选择的系统认识，树立严格规范的职业素养，培养逻辑思维能力。

相关知识

一、食材选择需要关注的方面

（一）品质：让味蕾舞动的前奏

食品的品质直接决定了顾客吃到的东西的味道和质量。优质的食材通常具有更好的口感和营养价值。对于任何商家或店铺来说，产品的品质都是不容忽视的生存之本。

1. 新鲜度

新鲜的食材不仅能够保持食物原有的风味，还能够最大程度地保留食物中的营养成分。新鲜的食材色泽鲜艳、质地饱满、口感鲜美，是外卖食品的首选。在购买时，店铺应该尽量选择刚上市或者刚刚收货的产品，图 6-1-1 展示的是某店铺用于制作麻辣烫的新鲜食材。

图 6-1-1　某店铺用于制作麻辣烫的新鲜食材

2. 原产地

每个地方都有自己独特的食材，不同的土壤、气候和环境塑造了不同食材的独特风味。比如，杭州的龙井茶、四川的辣椒、广东的海鲜等。

3. 匹配性

店铺在选择食材时，还需要考虑它们之间的相互匹配性。有些食材之间能够相互增香，使味道更加丰富。比如，醋可以提升海鲜的鲜味，姜可以中和肉的腥味。因此，巧妙地搭配食材能够让菜肴更加美味。图 6-1-2 中的麻辣烫加醋就可以提升麻辣烫的口感。

图 6-1-2　麻辣烫加醋

(二) 安全：保护健康的铠甲

安全性是店铺选择食材时需要特别关注的一点，安全的食材在保证顾客身体健康的同时也能大大提升店铺的信誉度。

1. 农药残留

在现代农业生产及加工过程中，农药的使用已经成为常态化存在。然而，过量或者不合规范地使用农药会导致食物中含有农药残留，成为顾客身体健康的潜在威胁。因此，店铺在选择食材时，可以选择有机食品或者绿色食品，以减少农药残留的风险。

2. 食品安全标识

食品安全标识是一种权威的认证，能够告诉顾客该食材的生产加工是否经过了严格的检验和监管。外卖商家在购买食材时，应该仔细辨认产品是否带有食品安全标识，选择通过认证的产品，以确保食品的安全。

3. 透明度

一些食品加工商为了追求经济利益，常常会掺假或者使用劣质食材。因此，了解食材的原产地、生产过程和加工工艺是非常重要的。外卖商家可以通过查阅资料、询问销售人员以及选择靠谱的供应商来提高食材的透明度，保障食品安全。美团外卖优质商家展示如图 6-1-3 所示。

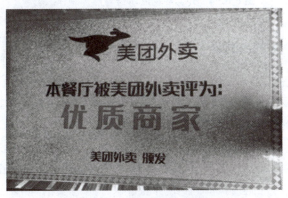

图 6-1-3　美团优质商家展示

(三) 口感

食材的口感是顾客对食物进行评价时所关注的重要因素之一，良好的口感能够带给顾客丰富的感官体验，让顾客对食物充满喜爱。

1. 质地

食材的质地直接影响了口感的细腻程度。例如，新鲜的海鲜应该充满弹性且具有鲜嫩的质地，而肉类则应该鲜嫩多汁。因此，在挑选食材时，外卖商家需要仔细观察并触摸，选择质地良好的产品。

2. 味道

食材本身的味道也是外卖商家选择时的重要考量因素之一。有些食材本身就很美味，如虾、蟹等海鲜，而有些则需要经过一定的加工才能达到美味的效果。因此，商家需要结合顾客的喜好，选择符合顾客口味需求的食材。

3. 制作方法

不同的制作方法能够使食材的口感得到更好的发挥，如炒、焖、煎、煮等，各种不同的烹饪技巧能够使食材呈现出不同的口感。因此，在烹饪过程中，商家需要根据食材的特点选择适合的制作方法，以便让食材的口感更加出彩。外卖店铺展示的鲜骨熬煮制作工艺如图 6-1-4 所示。

图 6-1-4　外卖店铺展示鲜骨熬煮制作工艺

二、食材选择对复购的影响

外卖运营中的食材选择对于复购率的影响是非常大的，顾客对食材的印象直接影响着他们对店铺产品的信任度和满意度，进而影响他们是否再次选择店铺的外卖服务。优质食材对于复购的影响具体体现在如下几个方面。

（1）稳定销量：优质的食材通常会带来更好的口感和风味，让顾客感受到商家对菜品制作的用心程度，提升顾客对产品的好感，增加复购率，稳定销量。

（2）降低成本：好的食材选择会给店铺带来一批忠实的顾客，从而减少商家在复购营销上的成本，与吸引新顾客相比，维持老顾客的复购更为经济高效。

（3）口碑传播：通过新颖的食材选择和搭配，给顾客带来新鲜感和惊喜感，形成口碑传播，从而获得更多潜在顾客。

（4）增加盈利：通过食材提高顾客对产品的信任度后，可持续获得销售收入，从而实现盈利增长。

三、店铺主打产品的选择

（一）店铺主打产品的食材标准

（1）食材新鲜度：保证产品处于新鲜状态，避免出现变质或者其他食品安全问题。

（2）调味料比例：根据菜品的分量添加不同比例的调味料，保持产品的口味。

（3）食材比例：保证产品的分量符合既定标准，避免出现分量过少顾客吃不饱，分量过多成本过高的情况。

（二）产品选择步骤

1. 浏览菜单

仔细浏览外卖平台或餐厅的菜单，如图 6-1-5 所示，选择适合顾客口味和需求的菜品。

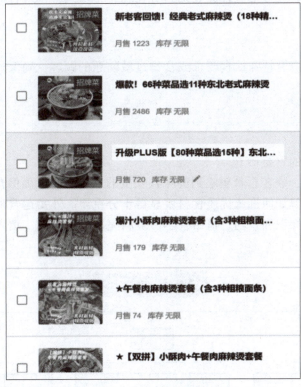

图 6-1-5　菜单展示

2. 考虑口味偏好

根据顾客的口味偏好，如麻辣、清淡、甜香等，选择适合的菜品。

3. 查看评价

查看店内用餐顾客对菜品的评价和评分（见图 6-1-6），可以帮助商家了解菜品的口感和质量。

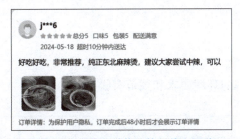

图 6-1-6　顾客对菜品的评价和评分

4. 注意描述

商家对菜品进行描述时，应注明菜品的配料、烹饪方法等，确保顾客可以根据描述选择符合自己喜好和饮食习惯的食物。

5. 考虑营养均衡

在选择菜品时，应考虑整体膳食的营养均衡，尽量选择同时含有蔬菜、蛋白质和碳水化合物的菜品。

6. 特殊需求

店铺要时刻注意有特殊饮食要求或食物过敏问题的顾客，确保外卖食材符合顾客的需求。

任务实施

一、食材选择的重要环节。

在日常生活中，顾客总希望吃到美味且安全的食物。为了确保食品安全，美团外卖店铺做到全面了解如何挑选优质食材就显得十分重要。外卖运营师在市场上挑选食材需要具备一定的知识和技巧。请结合学习资料完成思维导图，填入下面的食材选择流程图（见图6-1-7）。

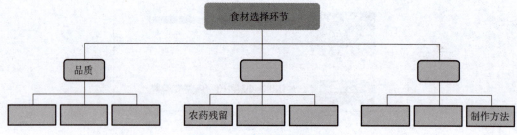

图6-1-7　食材选择流程图

二、制定店铺食材采购标准。

（一）店铺食材的采购标准有哪些？注意事项分别是什么？填写表6-1-1。

表6-1-1　食材采购标准

采购标准	注意事项	是否完成
食材新鲜度		

（二）食材储存管理的环境要求和规范有哪些？

_____

_____

_____

（三）食材的预处理流程和加工操作的规范是什么？请将相关内容填入表6-1-2。

表6-1-2　食材加工处理

项目	标准规范
预处理流程	1. 清洗：蔬菜应使用流动水进行清洗，去除表面的泥土、农药残留等杂质；肉类、水产类应清洗干净血水和黏液，必要时可使用盐水或小苏打水浸泡后再清洗。 2. 3.
加工操作规范	1. 2.

三、假设你是某麻辣烫店铺的经营者，请找出竞对店铺食材方面的优势并与自家店铺的情况进行对比分析，完成表6-1-3。

表6-1-3　竞对店铺食材优势分析

分析内容	竞对店铺	可借鉴的点
主打产品		
热销配菜		

❀ 任务拓展

通过收集网上知识，分析复购率对于外卖店铺的经营有哪些方面的影响。

思考与练习

1. 在外卖业务中，作为店铺经营者，应如何处理食品安全和卫生问题，以确保顾客的健康和饮食安全？请将相关内容填入表6-1-4。

表6-1-4　如何处理食品安全和卫生问题

店铺的合作伙伴	食品储存	
配送方面	食品包装	
	安全应急	

2. 外卖运营师可以通过哪些方式来发现店铺的主打产品是否存在口味、分量方面的问题？

3. 外卖平台可能面临食材价格波动的风险，店铺经营者要如何应对食材价格上涨，以确保外卖业务的稳定运营？

任务 2 产品迭代

任务引入

在餐饮行业中，产品是核心，迭代是关键，但目前美团平台的店铺经营者往往会忽略这个问题。熊猫烧烤是较早入驻美团平台的老店铺，外卖运营师在前期的考察调研阶段挑选上架了一些产品，经过一段时间后，店铺仍旧上架这些产品，但销量却开始持续下降，令商家很是烦恼。随着网络时代的到来，所有行业都在不断地发展和改变，餐饮人也应该具有创新、发展意识，过于陈旧、落后的产品或经营理念已无法满足市场发展的要求，最后一定会被市场淘汰。"85 后"和"90 后"已成为餐饮市场的消费主力军，他们所接触的东西都比较新颖，偏时尚，因而老式陈旧的产品无法吸引他们的注意力。

在当下快速变化的市场环境中，美团店铺需要不断地进行产品和运营模式的迭代，才能保持竞争力，实现可持续发展。

请结合案例资料，分析美团外卖的产品迭代情况。

任务要求

◆ 深入分析目前美团商家的店铺产品情况。
◆ 分析美团平台客户对产品的要求并制定产品迭代方案。
◆ 对竞争对手的产品迭代方法进行研究，对比美团平台其他商家进行取长补短。

学习目标

★ 能通过登录美团店铺后台，查找资料并梳理出商家的店铺产品情况。
★ 能通过资料总结出产品迭代的概念和重要性。
★ 能通过产品迭代的流程列出产品迭代方案的大纲。
★ 能根据产品迭代步骤，结合产品迭代方法和策略，制定产品迭代方案，培养精益求精的工匠精神。
★ 培养自主探究的学习能力以及创新思维能力。

相关知识

一、产品迭代的概念和重要性

（一）产品迭代的概念

产品迭代是指持续改进和更新产品，以适应市场需求和顾客需求的变化，包括功能的改进、界面的优化、性能的提升等。通过产品迭代，外卖店铺能够不断提高产品的竞争力和顾客满意度。

（二）产品迭代的重要性

1. 满足顾客需求

满足顾客需求是店铺产品成功销售的基础。通过持续的产品迭代，可以更好地满足顾客需求，提供更好的顾客体验，从而提升顾客的忠诚度和满意度。如某店铺为满足顾客需求，特制夏日手撕柠檬鸡套餐（见图6-2-1）。

图 6-2-1　特制夏日手撕柠檬鸡套餐

2. 提高竞争力

市场竞争激烈，只有不断改进和更新产品，才能保持相对于竞争对手的优势。产品迭代可以通过引入新的功能、优化原有性能等方式，提高产品的竞争力，从而赢得更多的市场份额。

3. 减少成本

产品迭代可以帮助外卖店铺及时发现和纠正产品存在的问题，从而减少后期成本。及时修复和改进产品可以减少顾客服务和售后支出，提高产品的总体质量和顾客满意度。

二、产品迭代的流程

（一）需求调研

外卖店铺实施产品迭代的第一步是进行需求调研，了解市场和顾客的需求。需要对市场进行调研，了解市场的变化和竞争情况，同时也需要对顾客进行调研，了解顾客的需求和反馈。

（二）制订产品迭代计划

在了解市场和顾客需求的基础上，需要制订产品迭代计划，确定店铺产品的迭代方向和目标。产品迭代计划需要考虑市场和顾客需求，同时也需要考虑产品的制作可行性和成本可控性。

（三）设计和制作

在店铺产品迭代计划制订完成后，需要进行产品的设计和制作。产品的设计和制作应根据产品迭代计划确定的迭代方向和目标进行，同时也需要考虑产品的顾客体验和易用性。

（四）测试和优化

店铺产品设计和制作完成后，需要进行测试和优化，以发现和解决问题，同时也需要对顾客进行测试。如某店铺开展"0元试吃"活动，如图6-2-2所示，邀请顾客试吃，了解顾客的反馈和需求。根据试吃结果进行产品优化，不断地对产品进行改进和升级。

招牌菜　火爆🦐泰式大虾片（3片）| 每单限1份　　　　　　¥0
单点不送
月售 35　库存 9802

图6-2-2　某店铺开展"0元试吃"活动

（五）发布和推广

店铺产品测试和优化完成后，就需要进行产品的上线和发布，同时也需要进行市场推广，提高店铺产品的知名度和影响力。应根据产品的特点和目标顾客群体进行推广，选择合适的推广渠道和方式，提高产品的曝光度和顾客黏性。

三、产品迭代的方法和策略

（一）产品迭代方法

1. 数据驱动

数据是产品迭代的重要基础，通过对顾客行为数据、产品功能数据、市场竞争数据等一系列数据的分析和挖掘，可以发现顾客需求、产品缺陷、市场机遇等方面的问题，为产品运营和迭代提供指导性意见和数据支撑。某店铺部分产品数据如图6-2-3所示。

排名	商品名称	销售额/元	销量/单
NO.1	🏆招牌！泰式水门鸡饭	112.00	4
NO.2	泰式🍜冬阴功汤（海鲜）MaMa面ต้มยำ	39.00	1
NO.3	唐人街打抛猪肉碎饭	35.00	1

图6-2-3　某店铺部分产品数据

2. 顾客反馈

顾客反馈是产品运营和迭代的重要参考信息来源，商家可以通过在线问卷、顾客调研、顾客留存率统计等渠道获取顾客反馈，以了解顾客的真实需求和感受，进而对产品进行优化和改进。

3. 竞品分析

竞品分析是产品迭代的另一个重要手段，通过分析竞争对手的产品特点、优劣势、市场反应等方面的综合数据，可以了解市场需求和潜在机会，为产品迭代提供前瞻性指引和参考。

4. 实验测试

实验测试是产品迭代的一种有效方式，可以通过 A/B 测试、多元测试、对照测试等方式对产品做出改进和调整，以达到验证新功能、消除产品缺陷、提升顾客体验等效果。

（二）产品迭代的策略

1. 顾客增长策略

顾客增长是产品迭代的首要目标之一，店铺可以通过多渠道曝光、口碑传播、社群运营等方式提升品牌知名度和顾客曝光率，进而吸引更多的顾客加入到产品的使用体验中来。

2. 顾客黏性策略

顾客黏性是产品运营和迭代的重要指标之一，店铺可以通过精准推荐、用户关怀、个性化服务等方式提高顾客留存率和复购率，进而提升产品的顾客价值和顾客生命周期价值。

3. 顾客转化策略

顾客转化是产品迭代的另一个目标，商家可以通过产品引导、营销策略、付费模式等方式提升顾客转化率，进而增加产品的营收、提升盈利能力。

4. 顾客体验策略

顾客体验是产品迭代的核心，优化顾客体验可以提升顾客满意度和扩大口碑传播范围，进而反哺产品的顾客数量增长以及顾客黏性和顾客转化率的提升。

任务实施

一、梳理出商家的店铺产品情况。

从美团外卖订单量来看，快餐简餐、包子/粥、米粉/米线等快餐小吃品类以其刚需性、丰富性等特征，占据了细分品类订单量排名前五中的三席；而西式快餐，也因为其便捷性和具有广泛的基础认知等特征，在细分品类排行榜中位列第二。请通过查询店铺后台信息，填写商家店铺产品情况表（见表6-2-1）。

表6-2-1　商家店铺产品情况表

产品名称	月销量/单	顾客反馈情况	处理意见
糖醋里脊	300+	好评：味道酸甜可口，处理得当 差评：太酸了，不喜欢放葱	

二、总结产品迭代的概念和重要性。

产品迭代，通常被视为一个持续的、系统性的产品改进过程。在这个过程中，产品团队会根据顾客反馈、市场变化和技术进步来对产品进行调整和优化。根据资料，完成产品迭代逻辑思维导图（见图6-2-4）。

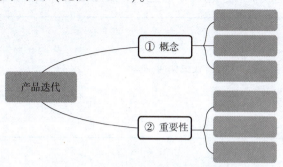

图 6-2-4　产品迭代逻辑思维导图

三、根据材料，利用思维导图列出店铺产品迭代方案大纲。

外卖运营师在制定产品迭代方案之前需要确立方案大纲，内容包括主标题、一级标题、二级标题，参考图6-2-5，并以此进行大纲内容的扩充。

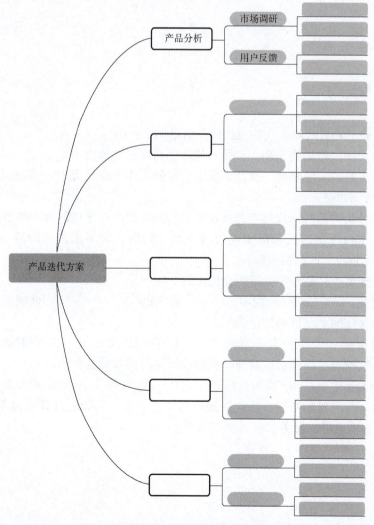

图 6-2-5　产品迭代方案大纲

学习笔记

四、根据产品迭代流程，结合产品迭代方法和策略，制定产品迭代方案。

一、产品分析
（一）市场调研
近年来，外卖迅速兴起，年轻一代更偏向……

 任务拓展

创新、升级、迭代是外卖商家的发展路径，品牌创新得越快，核心竞争力越强。思考还有什么方式可以做到产品的差异化竞争。

 思考与练习

1. 以下关于外卖产品迭代的说法错误的是哪个？（　　）

A. 在外卖产品推出的初期，产品迭代频率通常都比较高。

B. 外卖产品进入成熟期一般是出现了目前的版本无法满足的新需求或者产品的稳定性、体验性需求。

C. 整个外卖产品的迭代过程都比较平稳，且外卖产品迭代的版本越多越好。

D. 外卖平台每次迭代都需要经过以下几个阶段，即需求确定阶段、产品设计阶段、产品开发阶段、产品测试阶段。

2. 以下哪类产品是外卖运营师会优先淘汰的产品？（　　）

A. 高转化　　　　B. 高成本　　　　C. 低成本　　　　D. 低销量

3. 产品迭代的主要目的是什么？（　　）

A. 推陈出新　　　B. 便于涨价　　　C. 降低风险　　　D. 暂时缺货

4. 以下哪种渠道是外卖运营师寻找爆款新品的首选渠道？（　　）

A. 竞争对手　　　B. 采购市场　　　C. 采购软件　　　D. 朋友介绍

5. 外卖平台需要不断创新迭代以保持市场竞争力，店铺运营者应如何推动产品创新迭代，以提供更好的服务和吸引更多客户？

任务引入

　　一家在美团入驻的川湘菜店铺，下单转化率和曝光量一直都很正常，但最近订单量出现了持续下降的情况。外卖运营师在对相关数据进行分析后发现，该店老顾客数量的占比从原先的70%多下降到40%多。虽然曝光率不低，但是转化率却急剧下降，如不采取措施，订单量肯定会越来越少。外卖运营师给出的建议是需要立即增加转化率，因为店铺质量比较高（评分），做转化率投入的产出也会高于一般店铺，因此这个时候店铺做竞价的目的不是花钱买订单量，而是花钱增加复购率。这家川湘菜店铺的问题是很多店铺都会遇到的，当复购率出现下降的趋势时，外卖运营师需要马上分析原因，找出问题所在，再进行运营方案的调整。

　　请结合案例资料，分析美团外卖店铺的复购营销情况。

任务要求

◆ 深入分析目前美团商家店铺的复购率数据。

◆ 分析客户对复购的要求，并制订店铺的复购营销计划。

◆ 对竞争对手的复购营销策略进行研究，找出其特别之处并加以调整运用。

学习目标

★ 能通过登录美团商家后台，导出商家店铺的销售数据，整理复购数据。

★ 能通过资料总结复购周期的概念、意义以及复购人群的种类划分。

★ 能通过资料整理找出导致复购周期延长的因素，分析不同顾客群体的复购周期差异。

★ 能根据所学的复购营销策略，制定美团商家店铺的复购率提升方案。

★ 培养独立钻研的学习能力以及解决问题的能力。

相关知识

一、复购周期的概念、意义以及复购人群的种类划分

（一）复购周期的概念

复购周期是指顾客对某一商品或服务进行重复购买的时间间隔。这个周期根据不

同的商品、服务以及顾客行为而有所不同。复购周期的确定对于商家来说非常重要，因为它直接关系到顾客的忠诚度、产品的生命周期以及企业的销售策略。

（二）复购周期的意义

1. 复购周期的时长

复购周期的时长可以从几天到几个月不等，甚至还有可能更长。例如，一些高频消费的商品或服务，如日用品和食品，其复购周期可能较短，而一些低频消费的商品或服务，如季节性商品，其复购周期可能较长。

2. 复购周期的统计

商家可以通过分析顾客的购买记录来计算和确定复购周期。例如，通过分析顾客的订单数据，可以计算出大部分顾客的复购周期，从而进行精细化运营。

3. 复购周期的应用

了解顾客的复购周期对商家来说非常重要，它可以帮助商家在正确的时间点进行营销活动，如发放优惠券、进行促销等，以刺激顾客再次购买。

（三）复购人群的种类划分

（1）新客复购：指平台成功吸引的新顾客在首次购买后选择再次购买的情况。这是外卖平台非常重要的一个指标，因为新客复购可以给平台带来持续增长且稳定的用户基础。优质的首次体验、个性化的推荐、优惠活动、定期跟进、顾客反馈都能提高新客复购率。

（2）老客复购：指已经在外卖平台购买过产品的老顾客再次选择购买的情况。增加老客复购率对外卖平台来说同样非常重要，因为老客户的忠诚度和重复消费对于平台的经营发展至关重要。定期的优惠活动、个性化推荐、忠诚计划、及时回访、提升服务质量可以维持老客户的忠诚度，提高老客户的复购率。

二、导致复购周期延长的因素

（一）产品或服务质量

店铺产品或服务质量下降，导致顾客满意度降低，复购意愿减弱。

（二）市场竞争

外卖市场竞争加剧，顾客面临更多选择，可能转移到其他外卖平台购买产品。

（三）价格变动

外卖的价格上涨可能导致顾客寻找替代品或减少购买量，从而延长复购周期。

（四）顾客需求变化

顾客需求发生变化，原有的外卖产品或服务不再能满足需求，从而导致复购周期延长。

三、复购营销策略

（一）优惠激励计划

为了鼓励外卖顾客复购，我们可以制订一系列的优惠激励计划。例如，对于在一定时间内再次购买特定外卖产品的顾客，我们可以提供折扣、赠品或积分奖励等。这种优惠激励计划可以激发顾客的购买欲望，提高他们的购买频次和忠诚度。表 6-3-1 所示的就是某店铺优惠激励活动的相关内容。

学习笔记

表 6-3-1　某店铺优惠激励活动

序号	活动类型	活动详情预览	活动销量/单（前 7 日）
1	美团会员	商家最高承担 3.5 元	—
2	满减活动	满 38 元减 2 元/满 58 元减 3 元/满 88 元减 5 元	↑15
3	减配送费	配送费立减 3.5 元	↑91
4	优惠券	满 2 元减 2 元	↑10
5	折扣商品	现有 6 个商品参加折扣活动	↑6

（二）会员制度和积分奖励

设立会员制度和积分奖励也是激励顾客复购的有效策略。通过会员制度，商家可以为复购顾客提供专属的权益和优惠，如会员专享折扣、会员日活动等。同时，积分奖励可以鼓励顾客在购买过程中积累积分，以兑换礼品或优惠券等，从而增加顾客的购买欲望。

（三）定期回访和关怀

定期回访和关怀也是与复购顾客保持良好关系的重要手段。我们可以通过商家后台定期向顾客发送问候语，发短信或打电话来了解他们的需求和反馈。这些方式可以让顾客感受到我们的关心和服务，能提高他们的忠诚度。

（四）优质售后服务

提供优质的售后服务是吸引复购顾客的关键因素之一。我们应该确保在顾客购买产品后提供及时、专业的售后服务，解决他们的问题和疑虑，例如，收到的外卖商品出现撒漏、口感不佳等情况时，可以通过优质的售后服务赢得顾客的信任和口碑，促使他们再次购买。

（五）社交媒体推广

社交媒体是现代营销的重要渠道之一。我们可以通过社交媒体平台（如抖音、小红书）向顾客推广新产品、发布优惠信息、分享品牌故事等。此外，我们还可以与顾客在社交媒体上互动，了解他们的需求和反馈，进一步增强品牌与顾客的联系。

任务实施

一、登录美团商家后台，导出店铺数据，整理复购数据。

店铺的外卖运营师可登录商家后台，单击"经营分析—报表下载"选项，选中"下单人数""下单新客""下单老客""新客下单转化率""老客下单转化率"选项，再单击"下载报表"选项，将店铺数据整理到店铺一周复购数据表（表 6-3-2）中。

表 6-3-2　店铺一周复购数据表

日　期	下单人数	下单新客	下单老客	新客下单转化率/%	老客下单转化率/%

二、总结复购及复购周期的概念。

1. 复购，是指_____对该品牌的_____或_____的_____购买次数。顾客的重复购买率_____，就说明他们对品牌的忠诚度越高，反之则越低。

2. 复购周期，是指_____对某一商品或服务进行重复购买的_____。这个周期可以根据不同的商品、服务以及顾客行为而有所不同。

3. 分析资料，填写复购人群思维导图（见图 6-3-1）。

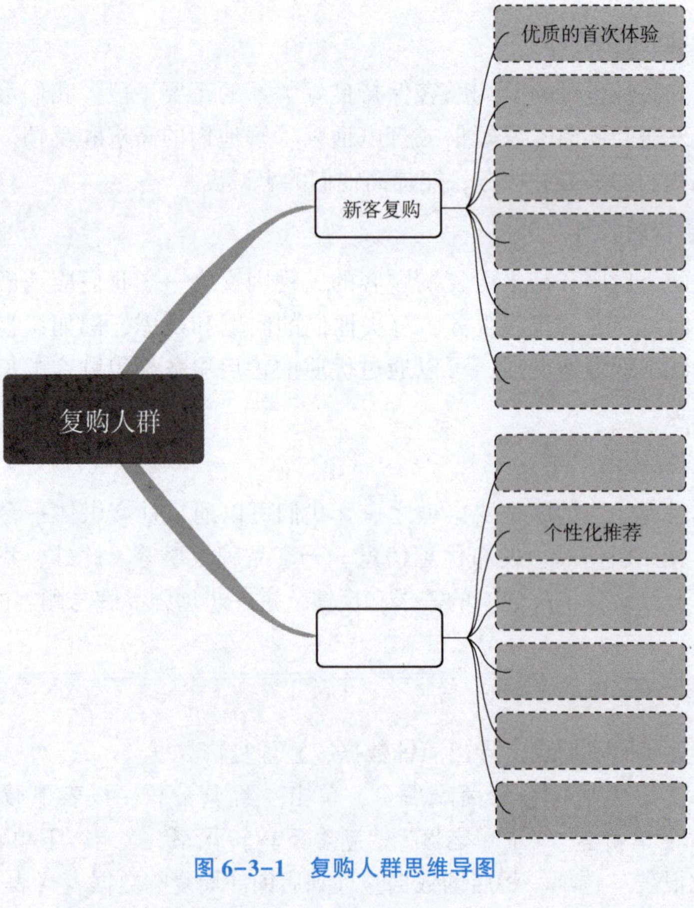

图 6-3-1　复购人群思维导图

三、根据导致复购周期延长的因素，通过学习会员画像交叉推荐和会员生命周期等资料（见图6-3-2和图6-3-3），分析不同外卖顾客群体的复购周期差异，并完成表6-3-3。

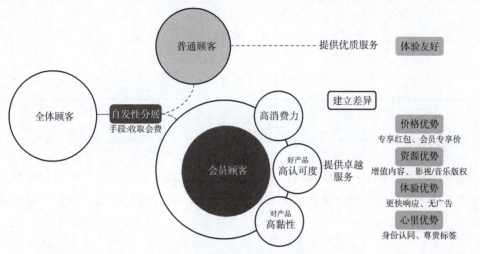

图6-3-2　会员画像交叉推荐

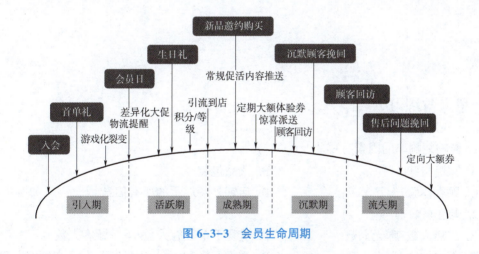

图6-3-3　会员生命周期

表6-3-3　不同外卖顾客群体的复购周期差异

顾客群体	复购周期差异
忠诚顾客与新顾客	忠诚顾客——较短复购周期+稳定的购买习惯 新顾客——长时间建立信任+长时间培养忠诚度
活跃期顾客与沉默期顾客	

四、学习复购营销策略，为美团川湘菜商家制定复购提升方案。

学习笔记

（一）提供优质的产品和服务
1. 确保食品质量安全
川湘菜店铺应确保食品的质量及安全，保证食材新鲜、口感好，及时提供新鲜可口的食品，留住老顾客的胃，吸引新顾客的心。
2. 多样化菜品选择

任务拓展

很多商家在经营了一段时间后，会发现虽然自己做了很多努力，但是订单量仍旧不理想，请从复购周期和顾客黏性关系的角度对这一情况进行分析并制定问题的解决方案。

思考与练习

1. 影响复购率的因素有哪些？（　　　）

A. 菜品口味　　　　　　　　　　B. 菜品包装

C. 顾客体验　　　　　　　　　　D. 店铺外端展示的所有信息

2. 老客复购率＝（　　　）。

A. 进店人数/曝光人数　　　　　　B. 重复下单顾客人数/下单顾客人数

C. 下单人数/曝光人数　　　　　　D. 重复下单2次及以上顾客人数/下单顾客人数

3. 外卖复购率是指在统计时间内，所有下单（且完成订单）的顾客人数中，在本店下单（且完成订单）一次及以上的顾客人数占比。（　　　）

A. 对　　　　　　　　　　　　　B. 错

4. 以下哪种营销活动不能直接提升复购率？（　　　）

A. 好评返券　　B. 进店领券　　　C. 下单返券　　　D. 集单返券

5. 新顾客在一周内第二次下单，叫有竞争力，为什么？

_____

_____

项目六　任务评价

完成本项目任务的学习后，请对任务过程和结果的质量进行评价及总结，填写下列任务评价表。自我评价由学习者本人填写，小组评价由组长填写，教师评价由任课教师填写。

任务评价表

项目	评价内容	组别			
		评价标准			
		所占分值	自我评价（30%）	小组评价（20%）	教师评价（50%）
准备阶段	学习准备充分，具备责任心	5			
过程管理	1. 遵守纪律，服从管理	5			
	2. 实施过程安全合理	10			
	3. 有较强的职业素养和逻辑思维能力	5			
任务实施	1. 了解食材选择对于复购的影响；找出竞对店铺在食材方面的优势，学习借鉴、取长补短	15			
	2. 了解产品迭代的概念和重要性；清楚产品迭代的方法和策略	20			
	3. 制定美团店铺复购率提升方案	20			
实施成效	1. 按时完成任务	10			
	2. 遵守 7S 的工作要求	10			
小组评语及建议		指导教师： 　　　　　年　　月　　日			

项目七

数据分析：店铺问题诊断

- 任务 1　流量分析
- 任务 2　进店分析
- 任务 3　下单分析
- 任务 4　复购分析
- 任务 5　市场分析

项目概述

随着电子商务的迅猛发展，店铺运营面临着日益激烈的市场竞争和复杂的经营环境。为了提升店铺的竞争力和盈利能力，通过数据分析进行店铺问题诊断就变得尤为重要。本项目旨在通过数据分析，全面诊断店铺运营中存在的问题，并提出相应的优化建议。

在电子商务环境中，店铺经营的成功与否在很大程度上取决于其运营效率和客户满意度的高低。通过数据分析来诊断店铺问题，可以识别并优化潜在的问题区域，从而提高店铺的整体表现。本项目安排了五个任务，引导学生通过对流量分析、进店分析、下单分析、复购分析、市场分析等内容的学习，可以更加精准地帮助店铺识别问题并进行优化，从而提高店铺的整体运营效率和盈利能力。

项目七　项目资讯

任务1 流量分析

任务引入

随着外卖市场的迅猛发展，各商家在平台上的竞争愈发激烈。为了提升竞争力，商家需要不断地通过数据分析来优化运营策略、提升顾客体验和增加顾客黏性。本任务旨在深入了解外卖平台商家店铺的流量来源、顾客行为以及转化效果，为商家提供数据支持，助力其在外卖市场中取得更好的业绩。

任务要求

◆ 确保所收集的数据来源可靠，如外卖平台提供的官方数据、来自第三方的分析数据等。避免使用不准确或来源不明的数据。

◆ 收集数据时，要确保数据的完整性，避免遗漏关键信息。同时，要关注数据的时效性，使用最新的数据进行分析。

◆ 数据分析应准确、全面、深入，能够真实反映商家在外卖平台上的运营状况和用户行为。

学习目标

★ 能通过分析外卖平台商家店铺的流量来源，识别商家店铺的主要流量渠道及其贡献度。

★ 能通过分析订单转化率，评估不同流量渠道和营销策略的效果。

★ 能基于分析结果，提出优化建议，帮助外卖平台商家提升流量质量和顾客留存率。

★ 培养独立思考、分析问题、归纳总结的能力，树立团队合作意识。

相关知识

一、流量相关指标

流量相关指标见图7-1-1。

（1）曝光：店铺一天之内通过各个渠道产生的流量曝光。

曝光量：曝光量指的是在一定时间内店铺或商品在外卖平台上被顾客看到的次数。它是衡量店铺或商品在平台上可见性的重要指标。

自然曝光：自然曝光指的是未通过付费推广而获得的曝光量，通常与店铺的搜索排名、分类位置、活动参与度等因素有关。

付费曝光：付费曝光指的是通过付费推广（如广告投放）获得的曝光量，商家需要支付一定的费用来增加曝光机会。

（2）进店量：一天之内顾客看见店铺且点击进店的次数。

进店率：进店率是指看到店铺或商品曝光的顾客中，实际点击进入店铺的人数占总人数的比例。计算公式为：进店率＝进店人数/曝光人数。

新客进店率：新顾客中点击进入店铺人数占总人数的比例，反映出店铺对新顾客的吸引力。

老客进店率：老顾客中点击进入店铺人数占总人数的比例，反映出店铺对老客的留存能力。

（3）下单量：一天之内顾客购买店铺餐品并成交的次数。

下单转化率：下单转化率是指进入店铺的顾客中，实际提交订单人数占总人数的比例。计算公式为：下单转化率＝下单人数/进店人数（或访问人数）。

新客下单转化率：新顾客中提交订单人数占总人数的比例，反映了店铺对新顾客的转化能力。

老客下单转化率：老顾客中提交订单人数占总人数的比例，通常高于新客下单转化率，因为老顾客对店铺已有一定的了解和信任。

（4）复购：指顾客二次、多次转化完成复购行为，同时完成自传播行为。复购能增加店铺的曝光和转化，形成流量闭环。

复购率：复购率是指所有顾客中，购买某产品或服务次数超过一次的顾客人数的占比。对外卖商家来说，复购率反映了顾客对店铺的忠诚度和满意度。

新客复购率：新客复购率是指之前从未在店铺消费过的新顾客中，最近一段时间内消费超过一次的人数的占比。

老客复购率：老客复购率是指之前已在店铺消费过的老顾客中，最近一段时间内再次消费的人数的占比。

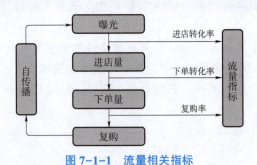

图 7-1-1　流量相关指标

二、流量分析内容

（1）渠道分析：了解流量的渠道分类及其占比。流量渠道分析是进行运营工作的基础，能够帮助店铺有效地运营。

渠道分为内部渠道和外部渠道，免费渠道和付费渠道。内部渠道有美团搜索入口等，外部渠道有微信推广码入口等；免费渠道有免费首页列表等；付费渠道有付费点金推广等。通过渠道分类可知晓店铺流量来源。分析店铺实际情况，根据店铺转化和曝光情况来划分工作方向，转化率高时应该加大流量投入并持续推流，曝光率高时则应该进行精细化运营并持续推流。若店铺的曝光率和转化率都较低就应该及时进行调整和优化，按照店铺情况进行资源分配和工作安排。

（2）转化分析：通过店铺流量漏斗模型分析店铺"一量三率"的数据情况，并根据转化情况采取相应措施。

图 7-1-2 显示的是某店铺全部顾客的进店转化率和下单转化率，通过将店铺基础情况数据与商圈同行排名前 10% 的店铺均值进行对比分析，可以得出店铺流量的上限和单量情况，也能看出店铺本身有没有到达平均值。针对店铺的转化问题，可以调整相应的方案来优化店铺的转化率。

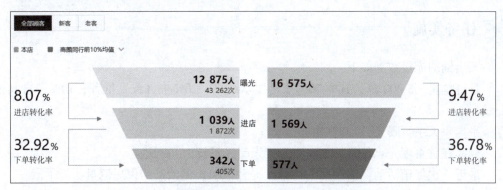

图 7-1-2　某店铺全部顾客的进店转化率和下单转化率

三、美团外卖流量

美团外卖作为国内领先的外卖平台，拥有庞大的用户群体和丰富的商家资源，其流量分为自然流量与付费流量。

（一）流量入口

（1）图 7-1-3 展示了某商家自然流量来源。其中，商家列表入口的流量包括：平台"首页"、"美食/甜点饮品"频道、"附近商家"和"发现好菜"列表。商家列表入口也是店铺自然流量的最主要来源，提升这个入口的曝光，就可提升店铺的排名。

曝光渠道⑦	曝光次数⑦
拼好饭⑦	17 793
商家列表⑦	7 973
其他⑦	4 975
订单页面⑦	3 979
搜索⑦	1 070
我的⑦	118
首页展位⑦	42
购物车⑦	23
频道页展位⑦	……

图 7-1-3　某商家自然流量来源

（2）订单与收藏入口的流量包括：订单页面、我的收藏、我的足迹等。顾客通过这个入口下单的转化率是非常高的，可以通过提升产品与服务质量、店铺招牌设计、引流款设置等方法引导顾客收藏店铺，在这个入口下单。

（3）搜索入口是店铺在顾客主动搜索商品或店铺时的流量。为了让顾客可以搜索到店铺或者商品，需注意店铺名称应包含主打品类名，并且菜品的名称要详细，便于用户搜索。

（二）其他入口的流量包括：特价红包、神会员、代金券、津贴等

（三）付费流量入口的推广工具有：点金推广、铂金展位、一站式推广、超级流量卡等

❁ 任务实施

某店铺的流量数据如下：

月订单量：5 000 单，其中 70% 来自搜索结果，20% 来自首页推荐，10% 来自其他流量；

平均每天主页曝光：2 000 次；

商品在首页曝光：每日约 300 次，搜索曝光每日 1 200 次；

最近一次促销活动：活动期间订单量提升 30%，但活动结束后流量明显下滑。

请根据以上数据分析该店铺的流量情况，把分析结论填入表 7-1-1，并给出相关建议，填入表 7-1-2。

表 7-1-1　分析结论

维度	具体分析
流量渠道效率高	搜索结果是主要的订单来源，表明关键词优化和搜索排名对商家至关重要。首页推荐虽贡献较小，但点击率较高，说明当店铺出现在显眼位置时吸引力较强
转化效率低	
促销依赖性	

表 7-1-2　相关建议

维度	具体建议
关键词优化	根据顾客搜索习惯，优化商品标题和描述中的关键词，提高搜索排名
首页曝光策略	
商品页面优化	
建立会员体系	
定期分析与调整	
社交与口碑营销	鼓励用户分享和好评，利用社交媒体平台增加品牌曝光次数，形成正面口碑传播效应

任务拓展

美团外卖在某一周内的日流量数据（见表7-1-3）出现了明显的波动。请根据以下假设数据，分析波动的原因。

表7-1-3　美团外卖在某一周内的日流量数据

日期	日流量/万次	天气状况	特殊事件
周一	1	晴	无
周二	1.1	小雨	无
周三	1.1	晴	美食节
周四	1	多云	无
周五	1.2	晴	周末促销
周六	1.3	晴	周末促销
周日	1.2	晴	周末促销

1. 哪些因素可能导致流量的波动？

2. 天气对流量有何影响？请举例说明。

3. 特殊事件（如美食节、周末促销）对流量的影响如何？

思考与练习

假设你正在分析一个外卖平台的流量数据（见表7-1-4），你发现流量主要来源于以下几个渠道：搜索曝光、主页曝光、推广曝光和活动曝光。请基于以下数据，回答下面的问题。

表 7-1-4 外卖平台的流量数据

流量来源	流量占比/%	转化率/%
搜索曝光	30	2
主页曝光	25	4
推广曝光	35	1.5
活动曝光	10	5

1. 哪个流量来源的转化率最高？请解释可能的原因。

_____

2. 如果预算有限，你会优先在哪个流量来源上投入更多资金？为什么？

_____

3. 假设你想提高活动曝光的流量占比，你会采取哪些策略？

_____

_____

任务2　进店分析

任 务 引 入

随着外卖市场的不断发展，店铺的进店率成为影响销售的重要因素。本任务旨在深入了解顾客在外卖平台上选择进入店铺的决策过程，分析影响进店率的关键因素，并提出相应的优化策略，以提升店铺的曝光量、进店率和整体订单量。

任 务 要 求

◆ 利用外卖平台商家后台的数据分析工具，收集店铺的曝光量、进店率、下单量等关键数据。

◆ 查阅店铺的顾客评价、活动参与情况、菜品销售数据等相关信息。

◆ 对比店铺近期与历史同期的进店率变化，分析趋势及可能的原因。同时，将店铺的进店率与行业平均水平或竞争对手的情况进行对比，评估店铺在吸引顾客进店方面的表现。

学 习 目 标

★ 能分析店铺的曝光量、进店率等数据，了解其在市场竞争中是否占据有利地位。

★ 能对比竞品店铺的数据，找出自身店铺的优势与不足，为制定优化策略提供参考。

★ 能提出具体的优化策略建议，以提升店铺的进店率和整体订单量。

相关知识

一、关键的进店分析点

（一）曝光量

首先，要关注店铺的曝光量。曝光量是潜在顾客看到店铺的机会，因此高曝光量是进店转化的前提。商家可以通过提升店铺在平台上的排名、参与平台活动、优化关键词搜索等方式提高曝光量。

（二）店铺形象

店铺形象是吸引顾客点击进店的重要因素，因此店铺头像、名称、简介、装修风格等，都应展现出专业、整洁、吸引人的形象。同时，店铺的菜品图片应清晰、诱人，能够引起顾客的食欲。

（三）菜品选择与描述

菜品的种类、口味、价格等都是影响顾客进店决策的重要因素。商家应确保菜品丰富多样，以满足不同顾客的需求。同时，菜品描述应详细、准确，突出菜品的特色和优势，吸引顾客点击进店。

（四）优惠活动与促销

优惠活动和促销是吸引顾客进店的有效手段。商家可以根据市场需求和店铺情况，制定合适的优惠策略，如满减、折扣、赠品等。这些活动能够降低顾客的购买成本，提高进店转化率。

（五）顾客评价与口碑

顾客评价和口碑是店铺信誉的重要体现，也是影响顾客进店决策的重要因素。商家应积极鼓励顾客在平台上留下评价，并及时回复顾客的评价和反馈。良好的评价和口碑能够提高店铺的信誉和吸引力，吸引更多顾客进店。

（六）竞争对手分析

分析竞争对手的进店转化率、曝光量、菜品选择、价格策略等，找出自己的优势和不足，制定有针对性的改进措施。了解竞争对手的情况有助于商家更好地定位自己，制定更有效的营销策略。

（七）数据分析与优化

进店率的计算公式为：进店率 =（进店人数/曝光人数）×100%。利用外卖平台提供的数据分析工具，分析店铺的进店数据，如进店转化率、曝光量变化趋势、顾客来源等。根据数据分析结果，优化店铺的装修、菜品选择、价格策略等，提高进店转化率和顾客满意度。

（八）推广策略

商家还可以考虑采用多种推广策略来增加进店量。例如，利用社交媒体平台进行宣传，与网红或 KOL（Key Opinion Leader，关键意见领袖）合作进行推广，参与平台的联合营销活动等。这些策略能够扩大店铺的知名度和影响力，吸引更多潜在顾客。

总之，外卖平台商家的进店分析是一个综合性的过程，需要商家从多个角度进行考量和优化。通过提高曝光量、优化店铺形象、调整菜品选择与描述、制定优惠活动方案与促销策略、关注顾客评价与口碑、分析竞争对手、利用数据分析进行优化以及采用多种推广策略等方式，商家可以提高进店转化率，增加销售额和市场份额。

二、进店分析深度优化

（一）精细化时段管理与优化

时段细分分析：将高峰时段进一步细分，比如 11:30—12:30 和 17:30—18:30 可能是最高峰，分析这些微时段的订单量和顾客行为。

时段专属策略：根据时段内顾客偏好的菜品类型、价格敏感度调整菜单推荐顺序，设置时段特惠或限量菜品，提高转化率。

库存与物流协同：预测高峰时段的订单量，优化备货策略，协调骑手资源，减少等待时间，提升顾客体验。

（二）菜品与菜单策略

菜品迭代与创新：根据顾客反馈和市场趋势，定期更新菜品，推出季节限定或潮流新品，增加顾客的新鲜感。

菜单结构优化：利用菜品分析数据，调整菜单分类，突出高点击率、高转化率菜品，隐藏或淘汰表现不佳的菜品，优化整体结构。

价格策略调整：实施价格弹性测试，如阶梯定价、捆绑销售、会员独享价等，平衡盈利与顾客感知价值。

（三）复购与会员体系建立

会员等级制度：建立多层次会员体系，不同等级享有不同的优惠和服务，如积分抵扣、生日礼物、快速配送等，培养顾客的长期忠诚度。

复购激励计划：推出"买 X 送 Y""下次消费优惠券"优惠措施，利用短信、App推送等方式提醒顾客未使用的优惠，促进二次购买。

社区与互动：建立品牌微信公众号、小程序或微信群，定期发布优惠信息、美食教程、互动游戏，增强顾客的参与感和归属感。

（四）数据分析与监控

实时数据监控：建立数据分析仪表盘，实时追踪曝光量、进店率、下单转化率等关键指标，快速响应市场变化。

竞争对手动态跟踪：利用公开数据和第三方工具，定期分析竞争对手的活动、价格、菜品更新，灵活调整策略保持竞争优势。

顾客反馈循环：建立完善的反馈渠道，利用 NPS（净推荐值）调查、在线评价等收集顾客意见，快速响应改进，形成闭环管理。

通过上述深度优化措施，不仅能提升店铺的短期业绩，还能为其建立长期的竞争优势，提升顾客的品牌忠诚度，促进可持续发展。

任务实施

你是一位资深的外卖业务分析师，负责指导一家位于商业区的新兴外卖品牌"食尚小屋"。该店铺近一个月的运营数据如下：

曝光人数（Impressions）：15 000 人

进店访客数（Visits）：5 000 人

总订单量（Orders）：750 单

平均客单价（Average Order Value，AOV）：50 元

顾客复购率：18%

高峰时段：12:00—14:00 和 18:00—20:00

1. 关键指标计算与解析：计算并分析"食尚小屋"的进店转化率，评估店铺在吸引顾客方面的表现。

2. 时段深入分析：根据高峰时段的数据，估计这两个时段的订单占比，并讨论可能导致这两个时段进店转化率较高的因素。

_____

_____

3. 市场对比与策略调整：了解到同区域同类型的竞争对手的平均进店转化率为8%。对比"食尚小屋"的情况，识别差距所在，并规划具体策略以缩小差距，提升市场竞争力。

_____

_____

_____

任务拓展

图 7-2-1 展示了某店铺近七天的进店转化率，请据此给店铺提出相关建议。

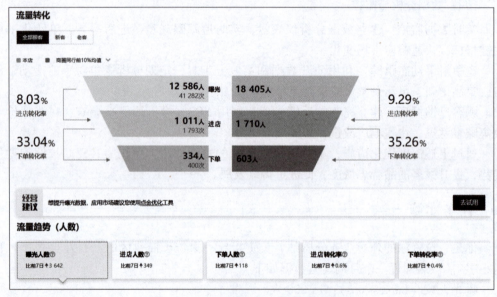

图 7-2-1　某店铺近七天的进店转化率

 ## 思考与练习

假设你是某城市中心区域一家名为"美味小厨"的美团外卖商家的运营顾问。该商家在过去一个月内的数据如下：

曝光人数（Impressions）：120 000 人

进店访客数（Visits）：9 600 人

总订单量（Orders）：1 600 单

平均客单价（Average Order Value，AOV）：45 元

顾客复购率：15%

每日高峰时段：11:00—13:00 和 17:00—19:00

1. 请计算并解释关键指标：计算进店转化率（Visits/Impressions），并分析进店转化率所反映的店铺表现。

2. 时段分析：基于高峰时段数据，分析这两个时段的订单量占全天订单的比例，并探讨可能的原因。

3. 竞争对手比较：如果同区域类型相似商家的平均进店转化率为 8%，对比"美味小厨"的情况，指出差距并提出追赶策略。

任务3　下单分析

任务引入

随着在线外卖市场的快速发展，美团外卖作为行业领军者，若想进一步增强市场竞争力，实现可持续发展，不断优化顾客体验、提升运营效率就成为关键所在。本任务旨在深入分析顾客的下单行为，识别下单流程中的瓶颈与机会点，为平台改进提供数据支持。

任务要求

◆ 确保所有关键字段（如订单号、下单时间、用户ID、商品信息、支付状态、配送状态、评价等）无遗漏。

◆ 分析新顾客与老顾客人数的占比，评估顾客忠诚度。

◆ 去除重复、错误或无效数据，确保分析数据的准确性和完整性。

学习目标

★ 能分析顾客下单的行为模式，识别下单高峰期与低谷期。

★ 能评估商品的销售情况，识别热销与滞销品类。

★ 能监测支付成功率与订单取消率，分析原因并提出改进措施。

★ 能收集顾客反馈，提升顾客满意度。

相关知识

对下单内容进行分析主要包含以下三个方面。

（一）订单数据概览

登录美团外卖商家后台，进入"数据中心"或"报表中心"。

查看日、周、月等不同时间段的订单量数据，通过图表或表格形式予以展示。

分析订单量的变化趋势，结合营销活动、节假日等因素进行解读。

1. 订单量

订单量是指在一定时间内（如日、周、月）内顾客下单的总次数。它是衡量外卖业务活跃度和销售规模的基础指标。通过分析订单量的变化趋势，商家可以评估营销策略的有效性，识别销售旺季和淡季，从而做出相应的库存和人力资源调整。

2. 订单金额

订单金额是指顾客每次下单所支付的金额总和，包括商品费用、配送费、优惠券抵扣等。订单金额不仅影响商家的总收入，还反映了顾客的购买力和消费习惯。通过分析订单金额的分布情况，商家可以了解哪些商品组合更受顾客欢迎，从而优化商品结构和定价策略。

3. 下单时间

下单时间是指顾客下单的具体时间点或时间段。它可以帮助商家了解顾客的消费习惯和用餐时段。通过分析下单时间分布，商家可以识别出高峰时段和低谷时段，从而合理安排人手、优化配送路线、提高送餐效率。

4. 顾客信息

顾客信息包括顾客的性别、年龄、地域、消费能力等基本属性。通过顾客信息分析，商家可以构建顾客画像。顾客画像是商家进行精准营销的重要依据。通过了解顾客的性别、年龄和地域分布，商家可以更有针对性地推出符合顾客需求的商品和服务；通过分析顾客的消费能力，商家可以制定合理的价格策略和促销方案。

5. 商品详情

商品详情包括商品的名称、价格、销量、评价等信息。它是顾客做出购买决策的重要依据。通过分析商品详情数据，商家可以了解哪些商品更受顾客欢迎，哪些商品存在滞销情况，从而优化商品结构、提高热销商品的库存量、减少滞销商品的库存积压。

6. 支付方式

支付方式是指顾客支付订单所使用的方法，如支付宝、微信支付、银行卡等。支付方式的多样性可以提高顾客的支付便利性，从而增加订单量。通过分析支付方式的占比情况，商家可以了解顾客的支付习惯，并优化支付流程以提高支付转化率。

7. 优惠券使用

优惠券使用是指顾客在下单时是否使用了优惠券以及使用的优惠券类型和金额。优惠券是商家吸引顾客、提高订单量的重要手段之一。通过分析优惠券的使用情况，商家可以评估优惠券策略的有效性，并根据顾客的反馈调整优惠券的发放方式和金额。

8. 配送服务

配送服务包括配送时间、配送范围、配送员评价等方面。它是影响顾客满意度和忠诚度的重要因素之一。通过分析配送服务数据，商家可以了解配送效率和服务质量的问题所在，并采取相应的措施加以改进。

（二）客单价分析

在数据中心或报表中心找到与客单价相关的数据指标。
对比不同时间段的客单价数据，分析波动原因。
结合菜品价格、促销活动等因素，优化产品定价策略，提高订单利润。

（三）下单转化率分析

在数据中心或报表中心找到下单转化率的相关数据指标。分析下单转化率的变化趋势，结合商品详情页设计、促销活动等因素进行解读，从而优化购物流程、提升用户体验、提高下单转化率。

🔷 任务实施

一、快餐店在美团平台上的订单数据显示，工作日午餐时段的订单量占比较大，但由于高峰期时配送压力大，导致部分订单配送超时。通过时间分析发现，11:30—13:00 是午餐高峰期，订单量激增。请根据表 7-3-1 中推出新品策略及其具体措施的例子，针对其他策略的具体措施展开分析。

表 7-3-1　美团的服务内容

策略	具体措施
推出新品	定期推出符合年轻人口味的新品，吸引其尝鲜
社交媒体营销	
优惠活动	

二、商家名称：美味小厨。

时间范围：2024 年 4 月

曝光人数：90 000 人；进店访客数：7 200 人；总订单量：1 720 单

平均客单价：50 元；新客下单转化率：18%；老客下单转化率：40%

竞品平均下单转化率：22%；高峰时段：11:30—13:00，17:30—19:00，这两个时段的订单数之和占总订单数的 70%

请计算进店转化率和总体下单转化率，并根据表 7-3-2 中的分析内容与对象探讨如何改善店铺的运营情况。

进店转化率＝

总体下单转化率＝

表 7-3-2　店铺相关数据分析

分析内容	分析对象	建议
转化率对比与分析	新客与老客转化率对比	
	与竞争对手情况对比	
高峰时段分析	订单分布	
	总体下单转化率	
客单价分析与菜品优化	客单价分析	
	菜品优化	

续表

分析内容	分析对象	建议
顾客留存与复购	复购策略	
	顾客反馈	
营销活动优化	活动效果评估	
	精准营销	

任务拓展

某连锁餐厅在美团平台上的订单数据显示，店铺配送范围内的部分商圈潜在顾客较多，但自家店铺在此区域内订单量不足，请提出应对策略。

思考与练习

作为美团外卖商家的运营分析师，你已经收集到了过去一个月的运营数据，现在需要你进行深入分析，以便制定下一阶段的运营策略。以下是部分关键数据：曝光人数：120 000 人；进店访客数：9 600 人；总订单量：2 020 单；平均客单价：45 元；顾客复购率：15%；高峰时段订单量：1 212 单（占订单总数的 60%，分布在两个时段：11:00—13:00 和 17:00—19:00）；招牌牛肉面点击率：20%（点击次数/菜品展示次数）；招牌牛肉面下单转化率：10%（下单次数/点击次数）；同区域竞品平均下单转化率：12%；同区域竞品顾客复购率：20%。

1. 计算"美味小厨"的进店转化率和下单转化率，并分析这些转化率对于运营的意义。

2. 分析"美味小厨"高峰时段的订单分布情况，计算两个高峰时段各自的订单量占全天订单总量的比例，并讨论这两个时段成为订单高峰期的可能因素。

3. 深入分析招牌牛肉面的情况，为什么点击率高但下单转化率低？提出至少两点可能的原因，并给出相应的改进策略。

4. 对比分析：与同区域竞品相比，"美味小厨"在下单转化率和复购率上存在哪些差距？提出至少两项策略以缩小这些差距。

任务引入

随着外卖行业的快速发展，提高顾客复购率、增加顾客黏性已成为外卖商家的核心竞争力。本任务旨在对外卖平台的顾客复购行为进行深入分析，以数据驱动的方式，提出有效的复购率提升策略。

任务要求

◆ 对比不同时间周期内的复购率变化，评估商家整体的运营效果。

◆ 分析不同顾客群体（如新老顾客、不同年龄段顾客）的复购率差异，了解不同顾客群体的购买习惯和需求。

◆ 分析商品复购率低的原因，优化商品结构，提高商品竞争力。

学习目标

★ 能分析顾客的复购率、复购周期、复购金额等关键指标，了解顾客复购行为的特征。

★ 能找出影响顾客复购的关键因素，如菜品质量、配送速度、优惠活动等。

★ 能提出有针对性的顾客复购提升策略，帮助外卖平台提高顾客复购率。

相关知识

复购分析包括对复购率、促销活动效果、竞品对比、顾客生命周期价值、技术驱动的复购优化、社交媒体和口碑营销等内容的分析。

（一）复购率

复购率是衡量顾客忠诚度和外卖平台长期盈利能力的重要指标。高复购率意味着顾客对该外卖商家的满意度和忠诚度较高，愿意持续在该外卖商家进行消费。

1. 顾客复购率

顾客复购率是指在一定时间内，有重复购买行为的顾客人数占顾客总人数的比例。因算式可表示为：顾客复购率=（在一定时间内有重复购买行为的顾客人数/顾客总人数）×100%。该指标直接反映了顾客对商家的忠诚度和黏性，是评估商家长期运营效果的重要指标。

2. 订单复购率

订单复购率是指在一定时间内，重复生成的订单数占总订单数的比例。用算式可表示为：订单复购率=（在一定时间内重复生成的订单数/总订单数）×100%。该指标不仅关注顾客的复购行为，还关注每次复购的订单价，有助于商家了解顾客的消费频率和购买力。

3. 商品复购率

商品复购率是指某一商品在一定时间内被重复购买的比例。用算式可表示为：商品复购率=（某一商品在一定时间内被重复购买的次数/该商品的总销售次数）×100%。该指标反映了商品的市场竞争力和顾客满意度，是商家优化商品结构和提升商品竞争力的重要依据。

4. 菜品复购率分析

通过分析不同菜品的复购率，可以了解顾客对菜品的喜好和满意度。

商家应根据菜品的复购率，优化菜单结构，推出更多受欢迎的菜品，同时调整或下架复购率较低的菜品。

（二）促销活动效果分析

评估不同的促销活动（如满减、优惠券、折扣等）对复购率的影响。

分析顾客在促销活动期间的购买行为和复购率变化，以便调整和优化促销策略。

（三）竞品对比分析

分析竞争对手的复购策略和顾客反馈，了解市场趋势和自身在竞争中的位置。

通过对比竞品的复购率、促销活动、顾客评价等数据，商家可以发现自身的优势和不足，从而制定更具竞争力的复购策略。例如，如果竞品的某个促销活动特别成功，商家可以考虑借鉴或创新类似的活动来吸引顾客复购。

（四）顾客生命周期价值分析

顾客生命周期价值（Customer Lifetime Value，CLV）是指顾客在商家的整个生命周期内预计能产生的总价值。

通过分析顾客生命周期价值，商家可以了解不同顾客群体的长期价值，从而制定更加精准的营销策略。对于顾客生命周期价值高的人，商家可以投入更多资源来维护关系，如提供个性化服务和优惠，以延长其生命周期并提高复购率。

（五）技术驱动的复购优化

个性化推荐：利用大数据和人工智能技术，根据顾客的购买历史和偏好进行个性化推荐，提高顾客的购买体验和复购率。

自动化营销：通过邮件、短信、App 推送等方式，自动向顾客发送优惠券、促销信息等，引导顾客复购。同时，利用 AI 技术优化营销内容和发送时机，提高营销效果。

（六）社交媒体和口碑营销

社交媒体营销：利用微博、微信、抖音等社交媒体平台，发布美食图片、视频、顾客评价等内容，吸引顾客关注和分享，扩大品牌影响力，提高顾客复购率。

口碑营销：鼓励顾客分享用餐体验和评价，通过好评返现、积分奖励等方式激励顾客参与口碑传播。同时，积极回应顾客反馈，解决顾客问题，提高顾客的满意度和忠诚度。

（七）会员制度和忠诚度计划

会员制度：建立会员制度，为会员提供专属优惠、积分兑换、生日礼物等福利，增强顾客黏性和忠诚度。

忠诚度计划：设计多层次的忠诚度计划，根据顾客的购买金额、购买次数等设置不同等级的会员权益，激励顾客持续消费和复购。

（八）持续优化和改进

数据监控：建立数据监控系统，实时跟踪和分析复购率、顾客购买间隔、顾客反馈等关键指标，及时发现问题和改进机会。

定期评估：定期对复购策略进行评估和调整，根据市场变化和顾客反馈不断优化产品和服务，提高顾客的满意度和复购率。

通过对以上措施的综合运用，商家可以更加全面地了解顾客的需求和行为习惯，制定更加精准的复购策略，提高顾客的忠诚度和长期盈利能力。

🌸 任务实施

一、假设你是一家外卖店铺的运营负责人，你的团队最近收集了以下关于顾客复购行为的数据：

店铺在近 30 天内，共有 1 000 名新顾客下单；

在这 1 000 名店铺新顾客中，有 20% 的顾客在首次购买后的一个月内进行了第二次购买；

另有 10% 的顾客在首次购买后的两到三个月内进行了第三次购买；

顾客复购的订单金额普遍比首次购买高出 15%。

请根据以上数据，回答以下问题。

1. 计算在首次购买后一个月内进行第二次购买的顾客数量。

2. 分析顾客复购的订单金额增长情况，并解释可能的原因。

3. 基于上述数据，设计一个旨在提高顾客复购率的营销策略。

二、基于上述数据，请根据店铺情况，填写表 7-4-1 的相关内容。

表 7-4-1　提高顾客复购率的营销策略

策略	具体措施
专属复购优惠	设计一套专属的复购优惠券系统，顾客在完成首次购买后的一个月内，会自动获得一张复购优惠券，用于下次购买时享受折扣或减免； 对于在两到三个月内完成第三次购买的顾客，提供更大面额的优惠券或更多的积分奖励，激励他们继续复购
个性化推荐系统	
优化顾客体验	
会员制度	
顾客互动与社区建设	
跨渠道营销	
数据分析与优化	定期收集和分析顾客数据，了解顾客的购买习惯、口味偏好和复购率等关键指标。根据数据分析结果，调整和优化营销策略，提高顾客满意度和复购率

🌸 任务拓展

假设你是一家店铺的外卖运营师，该店铺在过去一个月内有 3 000 名顾客进行了首次购买。经过观察，你在数据中发现了以下信息：

在这 3 000 名顾客中，有 800 名顾客在接下来的一个月内进行了第二次购买；

有 300 名顾客在接下来的两个月内进行了第三次购买；

顾客的平均购买间隔为 15 天。

请根据以上信息，回答以下问题。

1. 计算该外卖平台在过去一个月内的复购率。

2. 分析顾客的购买频率，并描述哪些顾客更有可能成为忠诚客户。

3. 基于上述数据，提出一个可能的策略来提高复购率。

思考与练习

　　你是一家店铺的外卖运营师，负责分析顾客复购行为数据，以制定有效的营销策略。最近，你收到了过去一年顾客复购行为的详细数据报告，现在需要基于这些数据进行分析，并据此制定一系列提升复购率的策略。以下是过去一年顾客复购行为的部分数据。

总下单人数：100 000 人	新顾客人数：70 000 人
新顾客首次购买后一个月内的复购率：22%	老顾客（购买超过 3 次）复购率：75%
新顾客平均首次订单金额：50 元	新顾客复购平均订单金额：60 元
老顾客平均订单金额：70 元	25～35 岁顾客占比：60%
白领顾客占比：45%	学生顾客占比：25%
有健康、快捷、美味等菜品偏好的顾客占比：85%	
流失顾客（首次购买后未再购买）占比：15%	
主要流失原因：价格、菜品质量、配送速度	

　　请分析导致新顾客和老顾客复购率差异的原因，并给出改进建议。

任务 5　市场分析

任务引入

随着外卖市场的快速发展，越来越多的商家加入外卖平台，竞争日益激烈。为了帮助商家在外卖平台上取得更好的营业收入，本任务旨在为外卖平台商家进行深入的市场分析，为商家提供有效的市场策略建议。

任务要求

◆ 收集商家在外卖平台上的交易数据、顾客评价、订单量、复购率、销售额等关键指标。

◆ 获取行业报告、竞争对手分析、顾客调研等外部数据，以补充内部数据的不足。

◆ 总结不同类型商家的经营特点、优劣势及市场需求。

学习目标

★ 能分析外卖市场的整体格局和竞争趋势，明确商家的市场定位。

★ 能评估商家的竞争力和市场份额，识别其优势和不足。

★ 能分析目标顾客群体的需求和偏好，为商家提供精准的市场策略建议。

★ 能提出有针对性的改进建议，帮助商家提升品牌知名度、顾客满意度和盈利能力。

相关知识

市场分析的维度主要包含以下几个方面。

（一）市场概况

行业趋势：从增长率、新兴趋势（如健康餐食、环保包装）、技术进步（如智能配送）等角度对外卖行业进行分析。

增长率：分析外卖行业的整体增长率，包括市场规模的扩大速度和顾客基数的增长情况。

新兴趋势：探讨当前外卖行业中出现的新兴趋势，如健康餐食的兴起、环保包装材料的应用以及无人配送等技术的逐步成熟。

技术进步：评估技术进步对外卖行业的影响，特别是如何通过智能配送系统、大数据分析，以及移动支付等技术的应用提升顾客体验和运营效率。关注 AI、物联网等技术在外卖行业的深度应用，如利用智能推荐系统提升顾客点餐体验，或是利用大数据分析预测销售趋势、优化库存管理。考察自动驾驶和无人机配送技术的最新进展，这些技术有可能在未来改变外卖配送的效率和成本结构。

目标市场细分：根据地理位置、顾客偏好（如素食、快餐、高端餐饮）细分市场。

地理位置：根据不同城市、区域或商圈的顾客需求特点，将市场细分为不同的地理区域。

顾客偏好：根据顾客的口味偏好、饮食习惯、消费能力等因素，将市场细分为素食爱好者、快餐需求者、高端餐饮追求者等群体。

（二）竞争分析

对竞争对手概况的分析包括识别主要竞争对手，分析他们的市场份额、优势（如价格、品牌忠诚度、服务速度）等。

识别主要竞争对手：列出主要的外卖平台商家，并分析他们在市场中的位置和影响力。

市场份额：评估各竞争对手的市场份额，了解市场格局。

优势分析：分析竞争对手的优势，如价格优势、品牌忠诚度、服务速度等，以便商家能够找到自身与竞争对手的差距和提升空间。

可以通过 SWOT 分析法对外卖平台上商家自身的竞争优势、竞争劣势、机会和威胁进行评估。其具体内容包括如下几个方面。

优势（Strengths）：分析商家自身的优势，如品牌影响力、产品质量、服务效率等。

劣势（Weaknesses）：识别商家自身的劣势，如产品线单一、营销渠道有限、成本控制不足等。

机会（Opportunities）：结合市场情况分析、探讨商家如何利用外部机会提升自身竞争力。

威胁（Threats）：评估市场威胁对商家的影响，并制定合理的应对策略。

（三）消费者分析

顾客画像：梳理顾客群体的年龄、性别、消费习惯、偏好等特征。

复购率与忠诚度：分析顾客复购频率、使用优惠券行为、评价等级对复购的影响。

（四）运营效率

订单量与销售额分析：按时间序列（日、周、月）分析订单量和销售额，识别高峰期和低谷期。引入先进的订单管理系统和库存管理系统，实现订单处理、库存管理的自动化和智能化。利用大数据分析预测销售趋势，优化库存水平，减少浪费。加强对员工的培训和管理，提升服务质量和效率。鼓励员工创新，提出改进工作流程和提升服务质量的建议。

成本结构：分析食材成本、配送费、平台佣金等对利润的影响。

库存与供应链：评估库存周转率、供应链稳定性对业务的影响。

（五）营销策略制定

产品策略：根据市场需求和竞争对手分析，优化产品组合和定价策略。关注产品创新和品质提升，以满足顾客多样化的需求。

营销渠道：拓展营销渠道，包括线上平台推广、社交媒体营销、线下活动宣传等。

加强与外卖平台的合作，提升曝光度和顾客黏性。

促销策略：制定合理的促销方案，如优惠券、满减活动、会员制度等。关注顾客的反馈和复购行为，制定个性化的营销策略。

 任务实施

一、假设你是某城市一家名为"美味轩"的外卖店铺负责人，店铺在平台上开展业务运营已有一年时间。现在需要对过去一年的运营数据进行分析，以便制定未来的营销策略并改善服务质量。部分关键运营数据如表 7-5-1 所示。

表 7-5-1 部分关键运营数据

销售数据	总订单量：32 000 单 平均客单价：45 元 月平均订单增长率：5% 月复购率：30%	
顾客行为	男性顾客占比：60% 女性顾客占比：40% 最受欢迎时段：11：30—13：30，17：30—19：30 平均配送时长：35 分钟 顾客评价平均分：4.3/5	
菜品表现	销量前三的菜品：招牌炒饭（占总销量的18%）、麻辣烫（占总销量的15%）、牛肉面（占总销量的12%）； 低销量菜品：蔬菜沙拉（占总销量的2%）、素食煲（占总销量的3%）	
竞争对手分析	周边 5 千米内有 5 家同类商家，其中"食尚小厨"和"快意便当"为主要竞争对手。"食尚小厨"平均客单价 40 元，月平均订单增长率为 3%；"快意便当"平均客单价42 元,月平均订单增长率为 6%	

二、请根据以上数据展开问题分析，并提出相应的策略建议。

1. 市场概况：根据提供的数据，评估"美味轩"和竞争对手在订单数量、月平均订单增长率以及客单价等方面各自所具有的优劣势。

2. 顾客分析：分析顾客的性别比例、高需求时段和配送效率对业务的影响，提出改进顾客体验的策略。

3. 产品策略：基于菜品销售数据，识别产品线中的明星产品和滞销产品，设计调整产品策略的方案。

4. 营销与促销：结合顾客复购率和竞争对手的动态，设计一项能够提升顾客黏性及吸引新顾客的营销活动。

5. 风险与机遇：分析当前面临的主要市场风险（如食品安全、配送效率等），并识别可能存在的市场机遇。

🌸 任务拓展

假设你是一家快餐小吃店的外卖运营师，该店铺位于写字楼内的美食城，主要经营小碗菜，相关销售数据包括：月订单量为 3 000 单，平均客单价为 30 元，复购率为 30%，高峰期主要集中在11:00—13:00，顾客男女比例为 70% 和 30%，顾客评分为 4.4 分，平均配送时长为 50 分钟。周边 1 千米内有 2~3 家同品类炒菜店。

1. 市场增长潜力分析。

假设周边 1 千米内的 2 个竞争对手月订单量分别为 1 000 单和 5 000 单，则该店铺在下月调整后预计能做到多少订单？

2. 竞争态势分析。

假设竞对店铺是以常规炒菜为主的店铺，分析该店铺与竞对店铺的竞争策略应有何不同。

3. 顾客需求分析。

假设一份关于当地外卖顾客的调研报告显示，70%的顾客关注菜品口味，20%的顾客关注价格，10%的顾客关注配送速度。该店铺应如何根据这些数据进行菜品和服务优化？如果该店铺发现顾客对其菜品口味的评分较低，则应该如何改进以提升顾客满意度？

4. 营销策略建议。

基于上述数据和分析，为该店铺提出一套行之有效的营销策略。

思考与练习

外卖商家"鲜味小厨"过去三个月的销售数据如下所示。

销售额：第一个月 100 000 元，第二个月 120 000 元，第三个月 135 000 元。

顾客复购率：第一个月 40%，第二个月 45%，第三个月 50%。

顾客评分：第一个月 4.5 分（满分 5 分），第二个月 4.6 分，第三个月 4.7 分。

1. 分析"鲜味小厨"的销售额增长趋势，并解释可能的原因。

2. 评估顾客复购率的变化趋势，并讨论其对商家长期发展的影响。

3. 分析顾客评价分数的变化，并探讨其对商家品牌形象的影响。

项目七　任务评价

完成本项目任务的学习后，请对任务过程和结果的质量进行评价及总结，填写下列任务评价表。自我评价由学习者本人填写，小组评价由组长填写，教师评价由任课教师填写。

任务评价表

项目	评价内容	组别			
		评价标准			
		所占分值	自我评价（30%）	小组评价（20%）	教师评价（50%）
准备阶段	学习准备充分，具备责任心	5			
过程管理	1. 遵守纪律，服从管理	5			
	2. 实施过程安全合理	10			
	3. 具有较强的自学能力和团队意识	5			
任务实施	1. 掌握数据分析的相关指标	15			
	2. 清楚数据分析的内容	20			
	3. 学会数据分析	20			
实施成效	1. 按时完成任务	10			
	2. 遵守 7S 的工作要求	10			
小组评语及建议		指导教师： 　　　　年　　月　　日			

项目八

盈亏盘点：
优化店铺盈利模型

- ◎ **任务1** 成本控制
- ◎ **任务2** 菜单优化
- ◎ **任务3** 平台活动
- ◎ **任务4** 新品上架
- ◎ **任务5** 闲时经营

项目概述

　　盈亏盘点就是指统计店铺的总收入和总支出，算出店铺的净利润，告知店铺经营者该店铺目前是处于盈利还是亏损状态，从而找出店铺存在的实际问题，为制定提升净利润的解决方案提供数据支撑的过程。

　　定期进行盈亏盘点，可以让外卖运营师全面掌握店铺的经营情况，便于外卖运营师向店铺经营者提供及时、准确的反馈，从而赢得店铺经营者的信赖与支持。

　　本项目安排了五个任务，引导学生从成本控制、菜单优化、平台活动、新品上架、闲时经营这五个方面系统地学习提升店铺净利润的基本知识，掌握提升店铺净利润的方法和技巧。

项目八　项目资讯

任务1　成本控制

任务引入

李小康是小康麻辣香锅店的老板。2023年6月初，他发现麻辣香锅店在2023年5月处于亏损状态，他随即联系了平台的外卖运营师，请外卖运营师帮他找出亏损的原因，制定扭亏为盈的解决方案。

任务要求

◆ 收集店铺经营数据。

◆ 通过数据找出问题。

◆ 制定并实施解决方案。

◆ 评估方案的实际效果。

学习目标

★ 能完成与运营相关的资料、图片、数据的收集、整理、分析工作。

★ 能根据店铺遇到的实际问题，制定行之有效的解决方案。

★ 能对各类数据和方案进行规范存档。

★ 能在工作过程中独立分析和思考各类问题，具备服务意识、经营意识、合作意识和商业敏感性等职业素养，培养系统思维能力和创新思维能力。

相关知识

一、数据收集

（一）制作店铺日收支明细表

外卖运营师将需要了解数据的对应关键词放入"店铺日收支明细表"中（见表8-1-1），例如，美团收入、饿了么收入、其他收入、总收入、大米采购支出、蔬菜采购支出、冻品采购支出、酱料采购支出、打包盒采购支出、推广支出、评价有礼支出、免费试吃支出、房租水电物业费、工资支出、其他支出、总支出和净利润等。计算公式如下所示：

总收入＝美团收入＋饿了么收入＋其他收入（如堂食、电话订餐等）

总支出＝大米采购支出＋蔬菜采购支出＋冻品采购支出＋酱料采购支出＋打包盒采购支出＋推广支出＋评价有礼支出＋免费试吃支出＋房租水电物业费＋工资支出＋其他支出

净利润＝总收入－总支出

表 8-1-1　店铺日收支明细表

日期	美团收入	饿了么收入	其他收入	总收入	大米采购支出	蔬菜采购支出	冻品采购支出	酱料采购支出	打包盒采购支出	推广支出	评价有礼支出	免费试吃支出	房租水电物业费	工资支出	其他支出	总支出	净利润
1																	
2																	
3																	
4																	
5																	
6																	
7																	
8																	
9																	
10																	
11																	
12																	
13																	
14																	
15																	
16																	
17																	
18																	
19																	
20																	

　学习笔记

日期	美团收入	饿了么收入	其他收入	总收入	大米采购支出	蔬菜采购支出	冻品采购支出	酱料采购支出	打包盒采购支出	推广支出	评价有礼支出	免费试吃支出	房租水电物业费	工资支出	其他支出	总支出	净利润
21																	
22																	
23																	
24																	
25																	
26																	
27																	
28																	
29																	
30																	
31																	
汇总																	

（二）下发店铺日收支明细表

外卖运营师将"店铺日收支明细表"发送给店铺经营者，提醒他们在每日店铺打烊时认真填写"店铺日收支明细表"。

（三）回收店铺日收支明细表

在新开店铺上线运营的头三个月里，外卖运营师会在每月 3 日之前回收上个月的"店铺日收支明细表"。已经经营三个月以上的店铺，当店铺经营者向外卖运营师反馈其盈利水平低于预期目标时，外卖运营师也需要回收上月的"店铺日收支明细表"。表 8-1-2 为小康麻辣香锅店 2023 年 5 月的"店铺日收支明细表"。

二、原因分析

（一）填写店铺月盈亏盘点表

外卖运营师在每月 3 日之前将上个月的"店铺日收支明细表"中的总收入、蔬菜采购支出、大米采购支出、冻品采购支出、酱料采购支出、打包盒采购支出、推广支出、评价有礼支出、免费试吃支出、房租水电物业费、工资支出、其他支出、总支出和净利润等数据填入"店铺月盈亏盘点表"。表 8-1-3 为小康麻辣香锅店 2023 年 5 月的"店铺月盈亏盘点表"。

表 8-1-2　店铺日收支明细表（2023 年 5 月）

店铺日收支明细表

日期	美团收入/元	饿了么收入/元	其他收入/元	总收入/元	大米采购支出/元	蔬菜采购支出/元	冻品采购支出/元	酱料采购支出/元	打包盒采购支出/元	推广支出/元	评价有礼支出/元	免费试吃支出/元	房租水电物业费/元	工资支出/元	其他支出/元	总支出/元	净利润/元
1	1 783.61	652.03		2 435.64		420.28				200.00			2 800.00			3 420.28	−984.64
2	1 489.89	678.02		2 167.91		564.09				400.00						964.09	1 203.82
3	1 396.34	751.79	3 000.00	5 148.13	4 500.00	374.99	330.00	285.00		200.00						5 689.99	−541.86
4	2 360.25	1 011.22		3 371.47		284.69	330.00			300.00						914.69	2 456.78
5	1 784.50	936.39		2 720.89		659.52				300.00		312.00	3 000.00		101.40	4 372.92	−1 652.03
6	1 364.78	1 184.60		2 549.38		426.96	3 046.00			200.00		150.00				3 822.96	−1 273.58
7	1 254.15	750.59		2 004.74		494.03	637.60			300.00		558.00				1 989.63	15.11
8	1 245.99	754.91		2 000.90		478.96		1 312.00		300.00					42.43	2 133.39	−132.49
9	1 988.93	663.89		2 652.82		355.03				600.00						955.03	1 697.79
10	2 124.32	586.95		2 711.27		468.98	17.00			200.00			300.00			985.98	1 725.29
11	1 384.84	784.33		2 169.17		453.24	330.00			400.00					110.00	1 293.24	875.93
12	1 556.80	941.75		2 498.55		597.83				200.00						797.83	1 700.72
13	1 261.90	434.25		1 696.15		329.21				200.00						529.21	1 166.94
14	1 262.64	566.48		1 829.12		422.79	330.00	330.00		200.00						1 282.79	546.33
15	1 262.94	710.91		1 973.85		311.26				400.00				16 000.00		16 711.26	−14 737.41

续表

日期	美团收入/元	饿了么收入/元	其他收入/元	总收入/元	大米采购支出/元	蔬菜采购支出/元	冻品采购支出/元	酱料采购支出/元	打包盒采购支出/元	推广支出/元	评价有礼支出/元	免费试吃支出/元	房租水电物业费/元	工资支出/元	其他支出/元	总支出/元	净利润/元
16	1 693.85	900.55		2 594.40		427.60			5 500.00	200.00					152.00	6 279.60	−3 685.20
17	2 090.04	863.90		2 953.94		496.68	330.00			200.00		512.00				1 538.68	1 415.26
18	2 202.59	1 094.62		3 297.21		610.74	3 847.00			400.00		494.00			221.00	5 572.74	−2 275.53
19	1 609.81	904.21		2 514.02		553.95				300.00		260.00			1 300.00	2 413.95	100.07
20	1 239.32	777.92		2 017.24		686.61		984.00		200.00		557.00				2 427.61	−410.37
21	1 361.70	1 029.35		2 391.05		260.46	330.00			300.00		263.00				1 153.46	1 237.59
22	1 848.99	877.66		2 726.65		464.08		984.00		400.00						1 848.08	878.57
23	1 696.73	957.29		2 654.02		576.69	330.00			200.00		558.00			14.50	1 679.19	974.83
24	2 158.91	1 134.25		3 293.16		554.26		785.00		200.00						1 539.26	1 753.90
25	2 252.75	982.60		3 235.35		422.34	330.00			400.00		1 062.00			118.00	2 332.34	903.01
26	1 902.65	1 138.38		3 041.03		451.59				300.00						751.59	2 289.44
27	2 387.72	1 124.68		3 512.40		413.61	4 551.00	1 642.00		300.00		360.00			8.00	7 274.61	−3 762.21
28	2 208.81	1 027.86		3 236.67		667.88				300.00		540.00				1 507.88	1 728.79
29	2 198.55	1 135.26		3 333.81		492.54	660.00			400.00		234.00				1 786.54	1 547.27
30	2 283.61	1 195.53		3 479.14		496.09				100.00		360.00			60.00	1 016.09	2 463.05
31	2 078.99	974.97	109.49	3 163.45		891.75	330.00			400.00		270.00				1 891.75	1 271.70
汇总	54 736.90	27 527.14	3 109.49	85 373.53	4 500.00	15 108.73	15 728.60	6 322.00	5 500.00	9 000.00	0.00	6 490.00	6 100.00	16 000.00	2 127.33	86 876.66	−1 503.13

表 8-1-3 店铺月盈亏盘点表（2023 年 5 月）

店铺月盈亏盘点表				
类目	金额/元	占比/%	占比小计/%	最低标准值/%
总收入	85 373.53	100.00	100.00	—
蔬菜采购支出	15 108.73	17.70	55.24	50
大米采购支出	4 500.00	5.27		
冻品采购支出	15 728.60	18.42		
酱料采购支出	6 322.00	7.41		
打包盒采购支出	5 500.00	6.44		
推广支出	9 000.00	10.54	10.54	8
评价有礼支出	0.00	0.00	0.00	—
免费试吃支出	6 490.00	7.60	7.60	—
房租水电物业费	6 100.00	7.15	7.15	10
工资支出	16 000.00	18.74	18.74	20
其他支出	2 127.33	2.49	2.49	—
总支出	86 876.66	101.76	101.76	—
净利润	-1 503.13	-1.76	-1.76	—

（二）核对采购成本汇总表

外卖运营师在每月 3 日之前对上个月的"采购成本汇总表"进行仔细核对，检查该店铺的产品采购价格是否在合理区间之内。表 8-1-4 为小康麻辣香锅店 2023 年 5 月的"采购成本汇总表"。

（三）对比分析

店铺要想盈利，不仅要关注收入，还要控制成本。为有效控制店铺的各项成本，经验丰富的外卖运营师都会根据本品类的行业现状，设定最低标准值（即某项支出占总收入的比例），一旦支出超过对应的最低标准值，店铺很可能处在不合理的经营状态之中，亏损概率将非常大。据"店铺月盈亏盘点表"中的数据显示，小康麻辣香锅店的主要问题如下。

（1）2023 年 5 月，店铺净利润为 -1 503.13 元，处于亏损状态。

（2）蔬菜采购、大米采购、冻品采购、酱料采购和打包盒采购支出占总收入的比例为 55.24%，超过了设定的最低标准值（该项的最低标准值为 50%），进一步调查表明：该店铺的雪花肉卷、蚝油肉片和鸡肉片等 12 个产品的采购价格均高于市场平均水平，这 12 个产品恰巧又是该店铺的热卖产品，每月用量很大，因此导致采购成本过高、店铺毛利过低。

表 8-1-4 采购成本汇总表（2023 年 5 月）

采购成本汇总表

蔬菜	价格/ （份·元⁻¹）	荤菜	价格/ （份·元⁻¹）	豆制品	价格/ （份·元⁻¹）	丸子类	价格/ （份·元⁻¹）	主食	价格/ （份·元⁻¹）
土豆	1.6	里脊肉	8	大油豆腐	7	黄金蛋饺	2.5	年糕条片	2.5
娃娃菜	5.5	瘦肉丸	9	豆肠	4	牛肉丸	6.6	水晶宽粉	4
金针菇	3.4	雪花肉卷	11	油面筋	4	鱼豆腐	6.2	方便面	0.3
藕片	1.5	鸭肉片	8.5	千张	4.5	千页豆腐	6.2	土豆粉	1
海带结	5	锅包肉	8.5	腐竹	8	玉米肠	15		
生菜	4.3	猪头肉	14	豆皮	2.7	蟹棒	5		
小青菜	2.8	小酥肉	8	小油条	9.5	狮子头	6		
玉米	2	鲜切肉片	16	厚油皮	4	蟹排	6.6		
豆芽	1.5	王中王火腿	0.9	水面筋	4	开花肠	6.3		
莴笋	2.2	黑胡椒肉柳	8	羊肚丝	3.8	虾米饺	6		
包菜	1.1	对虾	20	黑木耳	5	亲亲肠	8		
花菜	2.5	纯肉肠	16	香菇	9.5	鱼丸	5		
西蓝花	4.5	奥尔良鸡肉	8	山药	2.3				
胡萝卜片	1.5	腊肠	8	香干	3.5				
		培根	7	鸭血	1.5				
		耗油肉片	8						

（3）推广支出占总收入的比例为 10.54%，超过了设定的最低标准值（该项的最低标准值为 8%）。

（4）免费试吃支出占总收入的比例为 7.6%，同行当中一般将该比例控制在 3% 以内。该店铺花费了 6 490 元，却没有达到预期的效果。

三、制定方案

（1）与店铺经营者充分沟通，告知诊断结果。

（2）设定共同目标：在两个月内把该店铺从亏损变成月盈利一万元以上。

（3）倾听店铺经营者的痛点、难点和想法，共同制定解决方案，合理分工。

（4）邀约新供应商携带物美价廉的雪花肉卷和蚝油肉片等产品来店铺洽谈。

（5）优化菜单和店铺装修，提升用户进店率和体验感。

（6）检查加工工艺，保证产品品质，做好售后服务，提高复购率。

（7）降低免费试吃支出比例，将其控制在 3% 以内。

（8）将 1 名工作量不饱和的全职员工调整为兼职员工，提升费效比。

四、实施方案

（1）关注变化。方案实施以后，店铺的基础数据、支出和收入都会发生相应的变化，外卖运营师必须重点关注。

（2）定期沟通。外卖运营师与店铺经营者保持每日沟通，增强信任、答疑解惑，解决店铺经营者提出的各种问题。

（3）及时调整。根据店铺的实际情况，适时优化方案，确保目标达成。

五、效果评估

（一）回收店铺日收支明细表

解决方案完整地执行了一个月以后，外卖运营师将回收该月的"店铺日收支明细表"。表 8-1-5 为小康麻辣香锅店 2023 年 7 月的"店铺日收支明细表"。

（二）填写店铺月盈亏盘点表

外卖运营师将该月度的"店铺日收支明细表"中的总收入、蔬菜采购支出、大米采购支出、冻品采购支出、酱料采购支出、打包盒采购支出、推广支出、评价有礼支出、免费试吃支出、房租水电物业费、工资支出、其他支出、总支出和净利润等数据填入"店铺月盈亏盘点表"。表 8-1-6 为小康麻辣香锅店 2023 年 7 月的"店铺月盈亏盘点表"。

（三）核对采购成本汇总表

外卖运营师在每月 3 日之前对上个月的"采购成本汇总表"进行仔细核对，检查该店铺的产品采购价格是否在合理区间内。表 8-1-7 为小康麻辣香锅店 2023 年 7 月的"采购成本汇总表"。

表 8-1-5　店铺日收支明细表（2023 年 7 月）

店铺日收支明细表

日期	美团收入/元	饿了么收入/元	其他收入/元	总收入/元	大米采购支出/元	蔬菜采购支出/元	冻品采购支出/元	酱料采购支出/元	打包盒采购支出/元	推广支出/元	评价有礼支出/元	免费试吃支出/元	损耗/元	工资支出/元	电费支出/元	总支出/元	净利润/元
1	1 687.37	2 019.76		3 707.13		635.30				300.00			2 800.00			3 735.30	-28.17
2	1 665.39	1 423.10		3 088.49		463.97				1 400.00					208.00	2 071.97	1 016.52
3	2 188.55	1 594.99		3 783.54	6 000.00	479.99	330.00			200.00						7 009.99	-3 226.45
4	1 777.49	1 832.95		3 610.44		434.97				1 110.00					15.86	1 560.83	2 049.61
5	2 510.66	1 460.05		3 970.71		502.63	330.00			100.00		504.00	3 000.00		30.00	4 466.63	-495.92
6	1 678.61	1 637.84		3 316.45		272.50		3 000.00		200.00						3 472.50	-156.05
7	1 901.43	1 232.50		3 133.93		669.83				200.00						869.83	2 264.10
8	1 812.72	1 409.87		3 222.59		313.92				200.00						513.92	2 708.67
9	1 829.19	1 379.05		3 208.24		479.64				100.00					200.00	779.64	2 428.60
10	1 611.94	1 487.46		3 099.40		494.57	330.00			200.00			300.00			1 324.57	1 774.83
11	1 925.11	1 359.74		3 284.85		428.45				980.00					23.00	1 431.45	1 853.40
12	1 598.22	1 687.86		3 286.08		260.92										260.92	3 025.16
13	1 657.74	1 787.77		3 445.51		538.80				500.00		518.00				1 556.80	1 888.71
14	1 704.65	1 202.38		2 907.03		469.64					1 467.00				139.26	2 075.90	831.13
15	1 333.51	1 573.39		2 906.90		428.79				600.00				13 500.00	158.00	14 686.79	-11 779.89
16	1 875.33	1 050.17		2 925.50		672.16	7 612.00	3 000.00	6 857.00	300.00						18 441.16	-15 515.66

学习笔记

学习笔记

续表

日期	美团收入/元	饿了么收入/元	其他收入/元	总收入/元	大米采购支出/元	蔬菜采购支出/元	冻品采购支出/元	酱料采购支出/元	打包盒采购支出/元	推广支出/元	评价有礼支出/元	免费试吃支出/元	损耗/元	工资支出/元	电费支出/元	总支出/元	净利润/元
17	1 771.93	1 456.56		3 228.49		384.48	330.00			1 200.00						1 914.48	1 314.01
18	2 073.46	1 544.21		3 617.67		557.60				1 010.00						1 567.60	2 050.07
19	1 859.08	1 642.02		3 501.10		686.07				1 000.00	100.00					1 786.07	1 715.03
20	1 858.32	1 413.61		3 271.93		703.92										703.92	2 568.01
21	1 776.82	1 664.56		3 441.38		360.31										360.31	3 081.07
22	1 406.15	1 368.85		2 775.00		323.46										323.46	2 451.54
23	1 804.39	2 036.63		3 841.02		626.80										626.80	3 214.22
24	2 019.95	1 716.71		3 736.66		604.97				200.00		434.00				1 238.97	2 497.69
25	1 594.52	1 406.11		3 000.63		618.03				1 110.00						1 728.03	1 272.60
26	2 005.37	1 700.40		3 705.77		473.98		3 000.00		1 200.00		336.00				5 009.98	-1 304.21
27	2 222.18	1 721.77		3 943.95		749.51				200.00						949.51	2 994.44
28	2 085.49	1 251.21		3 336.70		832.35				200.00						1 032.35	2 304.35
29	1 853.29	1 543.38		3 396.67		571.92				200.00						771.92	2 624.75
30	2 273.40	1 099.58		3 372.98		329.95				300.00						629.95	2 743.03
31	1 678.01	798.73		2 476.74		565.78	2 972.00			200.00						3 737.78	-1 261.04
汇总	57 040.27	46 503.21	0.00	103 543.48	6 000.00	15 935.21	11 904.00	9 000.00	6 857.00	13 210.00	1 567.00	1 792.00	6 100.00	13 500.00	774.12	86 639.33	16 904.15

表 8-1-6　店铺月盈亏盘点表（2023 年 7 月）

店铺月盈亏盘点表				
类目	金额/元	占比/%	占比小计/%	最低标准值/%
总收入	103 543.48	100.00	100.00	—
蔬菜采购支出	15 935.21	15.39	47.99	50
大米采购支出	6 000.00	5.79		
冻品采购支出	11 904.00	11.50		
酱料采购支出	9 000.00	8.69		
打包盒采购支出	6 857.00	6.62		
推广支出	13 210.00	12.76	12.76	8
评价有礼支出	1 567.00	1.51	1.51	—
免费试吃支出	1 792.00	1.73	1.73	—
房租水电物业费	6 100.00	5.89	5.89	10
工资支出	13 500.00	13.04	13.04	20
其他支出	774.12	0.75	0.75	—
总支出	86 639.33	83.67	83.67	—
净利润	16 904.15	16.33	16.33	—

（四）判断经营状况是否改善

（1）当月盈利 16 904.15 元，高于 10 000 元，表明解决方案的实施，达到了店铺经营者和外卖运营师双方设定的预期目标。

（2）娃娃菜、海带结、生菜、小青菜、里脊肉、雪花肉卷、锅包肉、黑胡椒肉柳、耗油肉片、香菇、黄金蛋饺和亲亲肠这 12 个产品的采购价格均有所降低，处于市场平均水平。

（3）推广支出占总收入的比例为 12.76%，依然高于设定的最低标准值（该项的最低标准值为 8%），需要继续优化。

 任务实施

一、通过生鲜平台 App，查询以下菜品的最新售价，填入采购成本汇总表（见表 8-1-8）。

学习笔记

表8-1-7 采购成本汇总表（2023年7月）

采购成本汇总表

蔬菜	价格/ （份·元⁻¹）	荤菜	价格/ （份·元⁻¹）	豆制品	价格/ （份·元⁻¹）	丸子类	价格/ （份·元⁻¹）	主食	价格/ （份·元⁻¹）
土豆	1.6	里脊肉	6.5	大油豆腐	7	黄金蛋饺	2.3	年糕条片	2.5
娃娃菜	4	瘦肉丸	9	豆肠	4	牛肉丸	6.6	水晶宽粉	4
金针菇	3.4	雪花肉卷	8	油面筋	4	鱼豆腐	6.2	方便面	0.3
藕片	1.5	鸭肉片	8.5	千张	4.5	千页豆腐	6.2	土豆粉	1
海带结	4.5	锅包肉	8	腐竹	8	玉米肠	15		
生菜	4	猪头肉	14	豆皮	2.7	蟹棒	5		
小青菜	2.5	小酥肉	8	小油条	9.5	狮子头	6		
玉米	2	鲜切肉片	16	厚油皮	4	蟹排	6.6		
豆芽	1.5	王中王火腿	0.9	水面筋	4	开花肠	6.3		
莴笋	2.2	黑胡椒肉柳	6.5	羊肚丝	3.8	虾米饺	6		
包菜	1.1	对虾	20	黑木耳	5	菜茶肠	7		
花菜	2.5	纯肉肠	16	香菇	9	鱼丸	5		
西蓝花	4.5	奥尔良鸡肉	8	山药	2.3				
胡萝卜片	1.5	腊肠	8	香干	3.5				
		培根	7	鸭血	1.5				
		耗油肉片	6.5						

表 8-1-8　采购成本汇总表

采购成本汇总表

蔬菜	价格/ （份·元$^{-1}$）	荤菜	价格/ （份·元$^{-1}$）	豆制品	价格/ （份·元$^{-1}$）	丸子类	价格/ （份·元$^{-1}$）	主食	价格/ （份·元$^{-1}$）
土豆		里脊肉		大油豆腐		黄金蛋饺		年糕条片	
娃娃菜		瘦肉丸		豆肠		牛肉丸		水晶宽粉	
金针菇		雪花肉卷		油面筋		鱼豆腐		方便面	
藕片		鸭肉片		千张		千页豆腐		土豆粉	
海带结		锅包肉		腐竹		玉米肠			
生菜		猪头肉		豆皮		蟹棒			
小青菜		小酥肉		小油条		狮子头			
玉米		鲜切肉片		厚油皮		蟹排			
豆芽		王中王火腿		水面筋		开花肠			
莴笋		黑胡椒肉柳		羊肚丝		虾米饺			
包菜		对虾		黑木耳		亲亲肠			
花菜		纯肉肠		香菇		鱼丸			
西蓝花		奥尔良鸡肉		山药					
胡萝卜片		腊肠		香干					
		培根		鸭血					
		耗油肉片							

二、请计算出以下店铺月盈亏盘点表中总支出和净利润的金额，并将占比与占比小计填入店铺月盈亏盘点表（见表 8-1-9）。

表 8-1-9　店铺月盈亏盘点表

店铺月盈亏盘点表				
类目	金额/元	占比/%	占比小计/%	最低标准值/%
总收入	95 373			—
蔬菜采购支出	18 108			
大米采购支出	5 000			
冻品采购支出	20 728			50
酱料采购支出	7 500			
打包盒采购支出	5 800			
推广支出	10 000			8
评价有礼支出	0			—
免费试吃支出	2 500			—
房租水电物业费	5 100			10
工资支出	21 000			20
其他支出	1 800			—
总支出				—
净利润				—

三、请从上述表格中找出问题，制定对应的解决方案。

任务拓展

查询相关资料，写出毛利率的计算公式。

思考与练习

1. 思考：表 8-1-6 中该店铺的净利润虽然已经超过预期目标，但是推广支出占总收入的比例为 12.76%，依然高于设定的最低标准值（该项的最低标准值为 8%）。请问，在不降低净利润的前提下，有什么办法可以降低推广支出？

2. 练习：表 8-1-7 中哪些产品的价格依然高于市场平均水平？请写出你查找到的相关产品的最低价。

任务2 菜单优化

任务引入

李振开了一家西北小吃店,小吃店以"堂食+外卖"的模式经营了4个月的时间。2022年11月初,他发现小吃店在2022年10月没有盈利。他急忙联系外卖运营师,请外卖运营师帮他制定提升净利润的方案。

任务要求

◆ 收集店铺经营数据。
◆ 通过收集的数据和信息,找出店铺存在的问题。
◆ 了解产品定价的方法。
◆ 了解对比定价策略。
◆ 制定并实施解决方案,评估方案的实际效果。

学习目标

★ 能根据获取的产品信息、竞品数据、行业热词等进行分析,挖掘并提炼产品卖点并制定相关产品销售策略。

★ 能通过产品数据分析,确定热销产品,制定热销产品的营销方案。

★ 能掌握菜单优化的关键技术,总结经验、分析不足,提出菜单优化的改进措施。

★ 能在工作过程中独立分析和思考各类问题,具备服务意识、经营意识、合作意识和商业敏感性等职业素养,培养系统思维能力和创新思维能力。

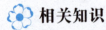 相关知识

一、数据收集

(一)制作店铺月盈亏盘点表

外卖运营师将需要了解数据的对应关键词放入"店铺月盈亏盘点表"中(见表8-2-1)。计算公式如下所示:

外卖营业额=美团收入+饿了么收入+其他外卖平台收入

净利润=外卖营业额+堂食营业额-外卖原料成本-堂食原料成本-营销支出-

房租支出-工资支出-水电支出-损耗支出-杂项支出

人均日营业额=(外卖营业额+堂食营业额)÷店铺员工人数÷当月天数

$$人均日订单量=(外卖订单数+堂食订单数)÷店铺员工人数÷当月天数$$
$$利润率=利润÷收入×100\%$$

表 8-2-1　店铺月盈亏盘点表

类目	数据	类目	数据	类目	数据
外卖订单数/单		菜品毛利率/%		杂项支出/元	
外卖营业收入/元		营销支出/元		净利润/元	
外卖原料成本/元		房租支出/元		利润率/%	
堂食订单数/单		工资支出/元		店铺员工人数	
堂食营业收入/元		水电支出/元		人均日营业额/元	
堂食原料成本/元		损耗支出/元		人均日订单量/单	

（二）收集数据

在新开店铺上线运营的头三个月里，外卖运营师会在每月 3 日之前收集上个月的"店铺月盈亏盘点表"中的各类数据。已经经营三个月以上的店铺，当店铺经营者向外卖运营师反馈盈利低于其预期目标时，外卖运营师也需要收集上月的"店铺月盈亏盘点表"中的各类数据。

二、原因分析

（一）填写店铺月盈亏盘点表

外卖运营师在每月 3 日之前将上个月的"店铺月盈亏盘点表"填写完整。表 8-2-2 为李振小吃店 2022 年 10 月的"店铺月盈亏盘点表"。

表 8-2-2　店铺月盈亏盘点表（2022 年 10 月）

类目	数据	类目	数据	类目	数据
外卖订单数/单	9 000	菜品毛利率/%	36	杂项支出/元	6 300
外卖营业收入/元	126 000	营销支出/元	7 500	净利润/元	-16 440
外卖原料成本/元	80 640	房租支出/元	19 000	利润率/%	-13.05
堂食订单数/单	0	工资支出/元	25 000	店铺员工人数	4
堂食营业收入/单	0	水电支出/元	4 000	人均日营业额/元	1 050
堂食原料成本/元	0	损耗支出/元	0	人均日订单量/单	75

（二）对比分析

根据"店铺月盈亏盘点表"中的数据显示，李振小吃店的主要问题如下。

（1）2022 年 10 月，店铺净利润为-16 440 元，处于亏损状态。

（2）人均日订单量为 75 单，人均日营业额为 1 050 元，低于同类型店铺的平均水平。

（3）菜品毛利率仅为 36%，低于同类型店铺的平均水平。该店铺产品采购价格处于合理区间之内，与同城同类型高盈利店铺的采购价格无差别。进一步调研发现，该店铺热销的单品和套餐定价偏低，菜单设计不合理。

三、制定方案

（1）与店铺经营者充分沟通，告知诊断结果。

（2）设定共同目标：两个月内把该店铺从亏损变成月盈利两万元以上。

（3）消费行为调研。

① 外卖运营师将自己想象成顾客，站在顾客的角度，思考顾客的下单路径。

② 外卖运营师对符合店铺目标顾客特征的 3 位男性朋友和 3 位女性朋友进行访谈，询问他们在外卖平台上进入我方店铺以后如何下单。

③ 外卖运营师用手机打开外卖平台 App，进入同品类优质竞对店铺，查看竞对店铺的热销品。点击"满减神器""精选套餐"这些有购买次数和建议用餐人数数据展示的界面，即可查看竞对店铺的热销单品和套餐。从消费行为调研数据汇总表中的数据（见表 8-2-3）就能发现目标顾客的购买习惯和下单路径，从而确定我方店铺的产品搭配策略，推出适销对路、毛利较高的产品。

表 8-2-3　消费行为调研数据汇总表

单品/套餐销量比			主页/拼饭销量比		
类目	销量/单	占比/%	类目	销量/单	占比/%
套餐	10 492	61.49	主页	5 000	100.00
单品	6 571	38.51	拼好饭	0	0.00
单品渗透率			口味属性占比		
单品	渗透率/%		口味属性	占比/%	
油泼面（圆面）+孜然青椒肉夹馍	20.00		酸辣	30.00	
岐山经典臊子面+腊汁肥瘦肉夹馍	14.00		原味	30.00	
西安手工凉皮+腊汁肥瘦肉夹馍	12.00		香辣	10.00	
𰻞𰻞面（宽面）+腊汁肥瘦肉夹馍	8.00		微辣	10.00	
肥肠凉皮+招牌腊汁肥瘦肉夹馍（不辣）	6.00		麻辣	10.00	
其他	40.00		酸甜	10.00	

（4）产品定价（见表 8-2-4）。

① 计算食材成本：食材成本=菜品成本+餐盒成本。

② 计算外卖平台营销成本，外卖平台营销成本包含店铺经营者在平台上推出的各种优惠、配送费和平台扣点。

③ 根据同类型店铺的平均毛利率，设定预期毛利率，如 47%。

④ 计算商品售价，商品售价=（食材成本+平台营销成本）×（1+毛利率）。

表 8-2-4　产品定价表

商品名称	食材成本		平台营销成本								平台扣点/%	毛利率/%	商品售价/元
	菜品成本/元	餐盒成本/元	满减优惠/元	配送费/元	神券优惠/元	新客立减/元	时段新客/人	集点返券/元	其他红包支出/元				
肥肠凉皮套餐	9	1	13	4	6	0	0	0	0	3.66	47	53.89

（5）价格比对。

找到同品类中至少三家以上经营状态良好的竞对店铺，了解类似产品的价格区间、销量和销量占比等数据，结合我方店铺的实际情况，最终确定产品价格，竞对店铺产品价格表如表 8-2-5 所示。

表 8-2-5　竞对店铺产品价格表

福利菜					
产品名	原价/元	折扣价/元	销量/单	销量占比/%	组合下单结算金额/元
大蒜（限购 1 头）	8	0.1	800	16	25.8
加面（限购 1 份）	9	0.99	900	18	22.8
煎荷包蛋一个	10	1.99	1 000	20	25.8~26.8
热销菜					
产品名	原价/元	折扣价/元	销量/单	销量占比/%	组合下单结算金额/元
白鹿原油泼面（圆面）	44.8	26.88	1 000	20	26.88
岐山经典臊子面	45.8	27.88	700	14	27.88
西安手工凉皮+腊汁肥瘦肉夹馍	42.8	24.88	600	12	24.88
招牌御宴biángbiáng面（宽面）+腊汁肥瘦肉夹馍	56.8	36.88	400	8	36.88
肥肠凉皮+招牌腊汁肥瘦肉夹馍（不辣）	56.8	36.88	300	6	36.88
秦味烩麻食+招牌腊汁肥瘦肉夹馍（不辣）	45	27.88	100	2	27.88
番茄鸡蛋面+招牌腊汁肥瘦肉夹馍（不辣）	45	27.88	100	2	27.88

（6）菜单优化。

根据最终确定的产品价格、消费行为画像、顾客下单决策时间，设计菜单和产品组合（见图 8-2-1）。

（7）将 1 名工作量不饱和的全职员工调整为兼职员工，提升费效比。

（8）与店铺经营者沟通，告知解决方案和预计收益，赢得店铺经营者的认可。

（9）确定方案，合理分工。

学习笔记

图 8-2-1　菜单和产品组合

四、实施方案

（1）关注变化：方案实施以后，店铺的订单数量、客单价、毛利率、主推产品销量占比都会发生相应的变化，外卖运营师必须重点关注。

（2）定期沟通：外卖运营师与店铺经营者保持每周沟通，确认毛利率是否达到预期。

（3）及时调整：根据店铺实际情况，适时优化方案，确保目标达成。

五、效果评估

（1）填写店铺月盈亏盘点表。

外卖运营师在每月 3 日之前将上个月的"店铺月盈亏盘点表"填写完整。表 8-2-6 为李振小吃店 2022 年 12 月的"店铺月盈亏盘点表"。

表 8-2-6　店铺月盈亏盘点表（2022 年 12 月）

类目	数据	类目	数据	类目	数据
外卖订单数/单	10 538	菜品毛利率/%	45	杂项支出/元	7 044.96
外卖营业收入/元	210 839.92	营销支出/元	11 215	净利润/元	28 418
外卖原料成本/元	115 961.96	房租支出/元	19 000	利润率/%	13.50
堂食订单数/单	0	工资支出/元	22 000	店铺员工人数	4
堂食营业收入/元	0	水电支出/元	7 200	人均日营业额/元	1 757
堂食原料成本/元	0	损耗支出/元	0	人均日订单量/单	88

（2）判断预期目标是否达成。

① 当月盈利 28 418 元，表明解决方案的实施，达到了店铺经营者和外卖运营师双方设定的预期目标。

② 人均日订单量为 88 单，人均日营业额为 1 757 元，高于同类型店铺平均水平。

③ 菜品毛利率从 36% 提升至 45%，提升幅度特别明显。

④ 将 1 名工作量不饱和的全职员工调整为兼职员工，节约了 3 000 元/月的工资支出。

任务实施

一、请使用外卖平台 App，在你所处位置的 3 千米范围内，找到一家高月售的西北小吃店（外卖店铺），参考表 8-2-3，绘制一张消费行为调研数据汇总表。

二、请选择一个外卖平台，计算出特定产品的平台营销成本和商品售价，并将计算出的数据填入产品定价表（见表 8-2-7）。

表 8-2-7　产品定价表

商品名称	食材成本		平台营销成本									毛利率/%	商品售价/元
肉臊子油泼面套餐	菜品成本/元	餐盒成本/元	满减优惠/元	配送费/元	神券优惠/元	新客立减/元	时段新客/人	集点返券/元	其他红包支出/元	平台扣点/%		毛利率/%	商品售价/元
	15	1										49	

三、请使用外卖平台 App，在你所处位置的 3 千米范围内，找到一家高月售的西北小吃店（外卖店铺，该店销售油泼面），将竞品信息填入竞品店铺产品价格表（见表 8-2-8）。

表 8-2-8　竞品店铺产品价格表

热销菜					
产品名	原价/元	折扣价/元	销量/单	销量占比/%	组合下单结算金额/元

任务拓展

寻找一家小吃店，帮该店铺经营者做好外卖店铺的菜单优化。

 思考与练习

思考：堂食店铺的灯箱菜单和纸质菜单该如何优化？

任务3 平台活动

任务引入

李建是一家烧烤店的老板，他的外卖店铺已经在外卖平台上运作了18个月的时间。2024年4月初，他发现烧烤店2024年3月的净利润与2023年3月的净利润相比降幅很大，于是他找到外卖运营师商量对策，请外卖运营师帮他找出净利润减少的原因，并制定提升净利润的方案。

任务要求

◆ 制作店铺月盈亏盘点表，收集该表所需数据。
◆ 填写店铺月盈亏盘点表，通过数据找出问题。
◆ 制定并实施解决方案，评估方案的实际效果。

学习目标

★ 能收集整理店铺运营数据、竞品数据、行业数据等不同类型的数据。

★ 能根据店铺运营目标，对顾客和潜在顾客适时推送活动信息，对圈定的竞争对手进行实时数据监控。

★ 能在工作过程中独立分析和思考各类问题，具备服务意识、经营意识、合作意识和商业敏感性等职业素养，培养系统思维能力和创新思维能力。

相关知识

一、数据收集

（一）制作店铺月盈亏盘点表

外卖运营师将需要了解数据的对应关键词放入"店铺月盈亏盘点表"中（表8-3-1）。计算公式如下所示：

总收入＝美团收入＋饿了么收入＋其他收入(比如堂食、电话订餐等)

总支出＝采购费用＋平台营销费用＋工资支出＋水电燃气费＋房租＋其他支出

净利润＝总收入－总支出

表 8-3-1　店铺月盈亏盘点表（模板）

时间		××××年××月	店铺名称		×××店	
类目		金额/元	占比/%	占比小计/%	最低标准值/%	
收益情况	月销订单/单		—	—	—	
	月平均客单价				—	
	总收入（汇总）				—	
	总支出（汇总）				—	
	净利润				—	
采购费用	包材（无纺布+打包盒+锡纸）				50.00	
	酱料					
	冻品					
	蔬菜					
	食用油					
平台营销费用	推广支出				10.00	
	评价有礼支出					
工资支出	打包				15.00	
	分拣					
	油炸					
	小吃					
	串菜					
水电燃气费	水电费				5.00	
	燃气费					
房租	店铺租金				4.00	
	宿舍房租					
其他支出	日常杂费				5.00	

（二）收集数据

在新开店铺上线运营的头三个月里，外卖运营师会在每月 3 日之前收集上个月的"店铺月盈亏盘点表"中的各类数据。已经经营三个月以上的店铺，当店铺经营者向外卖运营师反馈盈利低于其预期目标时，外卖运营师也需要收集上月的"店铺月盈亏盘点表"中的各类数据。

二、原因分析

（一）填写店铺月盈亏盘点表

外卖运营师在每月 3 日之前将上个月的"店铺月盈亏盘点表"填写完整。表 8-3-2 为李建烧烤店 2024 年 3 月的"店铺月盈亏盘点表"。

表 8-3-2 店铺月盈亏盘点表（2024 年 3 月）

时间	2024 年 3 月		店铺名称	李建烧烤店		
	类目	金额/元	占比/%	占比小计/%	最低标准值/%	
收益情况	月销订单/单	2 023	—	—	—	
	月平均客单价	37.20	—	—	—	
	总收入（汇总）	75 255.60	100.00	100.00	—	
	总支出（汇总）	68 201.60	—	—	—	
	净利润	7 054	9.37	9.37	—	
采购费用	包材（无纺布+打包盒+锡纸）	2 300	3.06	44.73	50.00	
	酱料	1 000	1.33			
	冻品	24 859	33.03			
	蔬菜	3 500	4.65			
	食用油	2 000	2.66			
平台营销费用	推广支出	7 500	9.97	13.96	10.00	
	评价有礼支出	3 000	3.99			
工资支出	打包	4 500	5.98	17.94	15.00	
	分拣	4 500	5.98			
	油炸					
	小吃	4 500	5.98			
	串菜					
水电燃气费	水电费	2 500	3.32	5.31	5.00	
	燃气费	1 500	1.99			
房租	店铺租金	1 350	1.79	3.78	4.00	
	宿舍房租	1 500	1.99			
其他支出	日常杂费	3 692.60	4.91	4.91	5.00	

（二）对比分析

根据"店铺月盈亏盘点表（2024 年 3 月）"中的数据显示，李建烧烤店的主要问题如下。

（1）2024 年 3 月，店铺净利润仅为 7 054 元。

（2）工资支出占总收入的比例为 17.94%，超过了设定的最低标准值（该项的最低标准值为 15%）。3 月份该店铺 3 位员工的工资共计 13 500 元，月销订单 2 023 单，约为每人日均 23 单，低于每人日均 40 单的健康店铺平均水平。

影响店铺订单量的指标是"一量三率"，即曝光量、进店转化率（以下简称"进店率"）、下单率和复购率。通过数据分析，该店铺进店率和下单率比同商圈优质竞对店铺的进店率和下单率分别低 2.94% 和 3.21%。图 8-3-1 为李建烧烤店 2024 年 3 月的"经营数据"。

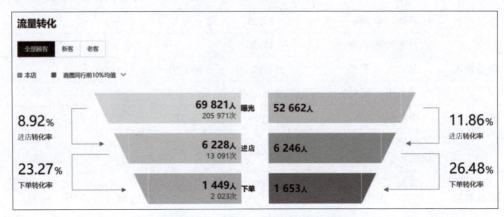

图 8-3-1　经营数据（2024 年 3 月）

竞对店铺的平台活动力度远高于该店铺，导致该店铺的竞争力下降，进店率和下单率较低。

（3）水电燃气费占总收入的比例为 5.31%，超过了设定的最低标准值（该项的最低标准值为 5%）。

三、制定方案

（1）与店铺经营者充分沟通，告知诊断结果。

（2）设定共同目标：一个月内把该店铺的净利润提升至 15 000 元以上。

（3）制定平台活动方案。竞对店铺的优惠力度为 7 元/单，我方店铺的优惠力度为 6 元/单，外卖运营师计划将该店铺的活动力度从每单优惠 6 元调整为每单优惠 9 元。

（4）核算活动费用。从优惠 6 元/单调整为优惠 9 元/单，则月销订单预计将从 2 023 单/月提升至 2 500 单/月，活动参与率预计从 65.61% 提升至 68.61%，新增活动费用为 3 元/单。

$$新增费用 = 月销订单 \times 活动参与率 \times 新增活动费用$$
$$= 2\ 500 \times 68.61\% \times 3$$
$$= 5\ 145.75\ 元$$

（5）核算活动收益。客单价预计保持不变，仍为 37.2 元/单。月销订单预计将从 2 023 单/月提升至 2 500 单/月，新增订单数预计为 477 单。菜品毛利率预计将从 60% 降低至 58%。

$$预计新增收入 = 客单价 \times 新增订单数$$
$$= 37.2 \times 477$$
$$= 17\ 744.4\ 元$$
$$预计新增利润 = 预计新增收入 \times 菜品毛利率 - 新增费用$$
$$= 17\ 744.4 \times 58\% - 5\ 145.75$$
$$= 5\ 146.002\ 元$$

（6）与店铺经营者沟通，告知活动方案和预计收益，赢得店铺经营者的认可。

（7）确定方案，合理分工。

四、实施方案

（1）对接平台经理，提报确定的平台活动方案。

（2）关注变化：方案实施以后，店铺的外卖订单数据、入店率、下单率、支出和收入都会发生相应的变化，外卖运营师必须重点关注。

（3）定期沟通：外卖运营师与店铺经营者保持每周沟通，确认收益是否达到预期。

（4）及时调整：根据店铺实际情况，适时优化方案，确保目标达成。

五、效果评估

（一）填写店铺月盈亏盘点表

外卖运营师在每月 3 日之前将上个月的"店铺月盈亏盘点表"填写完整。表 8-3-3 为李建烧烤店 2024 年 4 月的"店铺月盈亏盘点表"。

（二）判断预期目标是否达成

（1）当月盈利 15 428 元，高于 15 000 元，表明解决方案的实施，达到了店铺经营者和外卖运营师双方设定的预期目标。

（2）平台营销费用占总收入的比例为 10.03%，略高于设定的最低标准值（该项的最低标准值为 10%），无须优化。

（3）水电燃气费占总收入的比例为 6.14%，仍高于设定的最低标准值（该项的最低标准值为 5%），需要进一步督促店铺经营者做好节水、节电、节省燃气这三项基本工作。

（4）该店铺进店率和下单率比同商圈优质竞对店铺的进店率和下单率分别高 0.09% 和 4.02%，与上个月相比，皆有较大幅度的提升。图 8-3-2 为李建烧烤店 2024 年 4 月的"经营数据"。

表 8-3-3 店铺月盈亏盘点表（2024 年 4 月）

时间	2024 年 4 月		店铺名称	李建烧烤店		
	类目		金额/元	占比/%	占比小计/%	最低标准值/%
收益情况	月销订单/单		2 536	—	—	—
	月平均客单价		38.60	—	—	—
	总收入（汇总）		97 889.60	100.00	100.00	—
	总支出（汇总）		82 461.60	—	—	—
	净利润		15 428	15.76	15.76	—

续表

	类目	金额/元	占比/%	占比小计/%	最低标准值/%
采购费用	包材（无纺布+打包盒+锡纸）	3 105	3.17	45.75	50.00
	酱料	3 000	3.06		
	冻品	30 346	31.00		
	蔬菜	5 136	5.25		
	食用油	3 200	3.27		
平台营销费用	推广支出	8 320	8.50	10.03	10.00
	评价有礼支出	1 500	1.53		
工资支出	打包	4 500	4.60	13.8	15.00
	分拣	4 500	4.60		
	油炸				
	小吃	4 500	4.60		
	串菜				
水电燃气费	水电费	2 810	2.87	6.14	5.00
	燃气费	3 200	3.27		
房租	店铺租金	1 350	1.38	2.91	4.00
	宿舍房租	1 500	1.53		
其他支出	日常杂费	5 494.60	5.61	5.61	5.00

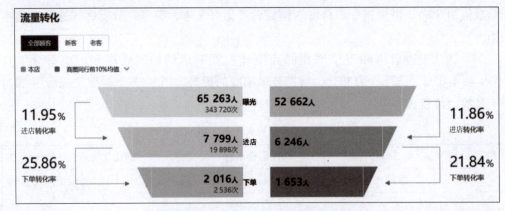

图 8-3-2　经营数据（2024 年 4 月）

任务实施

一、请列出总收入和总支出包含的全部内容。

总收入：_____

总支出：_____

_____

二、请写出你从表 8-3-2 中发现的李建烧烤店存在的问题（净利润偏低、工资支出超标、水电燃气费超标这三个问题除外）。

_____

_____

_____

三、请为上述问题制定对应的解决方案。

_____

_____

_____

_____

任务拓展

请测算店铺实施上述解决方案以后，可以实现的利润总额。

思考与练习

思考：图 8-3-2 中该店铺的进店率虽然已经超过同商圈优质竞对店铺，但在数值方面仅高出 0.09%，依然有提升的空间。请问，在不降低净利润的前提下，有什么办法可以提升进店率？

任务 4　新品上架

任务引入

李雨开了一家烧烤店，外卖店铺已经在外卖平台上运作了 22 个月，利润非常可观。2024 年 3 月，李雨翻阅了去年全年的账本，发现 2023 年 5 月—2023 年 8 月是烧烤的旺季，小龙虾销量的增幅非常明显。李雨随即与外卖运营师沟通，希望外卖运营师帮他上架新品小龙虾，在不拉低净利润的前提下，将今年的小龙虾订单占比提升 10 个百分点。

任务要求

◆ 找出热销产品。
◆ 上架热销产品。
◆ 设置营销活动。
◆ 做好店铺装修。

学习目标

★ 能收集、整理店铺运营数据、竞品数据等不同类型的数据。
★ 能通过数据分析或数据对比找出热销产品或者滞销产品。
★ 能总结经验、分析不足，提出改进措施。
★ 能在工作过程中独立分析和思考各类问题，具备服务意识、经营意识、合作意识和商业敏感性等职业素养，培养系统思维能力和创新思维能力。

相关知识

一、选品

（一）寻找竞对热销品

1. 手机端

用手机打开外卖平台（见图 8-4-1），点击"美食"频道，在分类频道中选择对应的品类（如小龙虾烧烤）；点击"速度"选项，选择"3 千米内"，再点击"综合排序"选项，选择"销量优先"，进入 TOP5 同品类商家线上店铺查看其热销品，月售订单量较大的单品即为热销品。

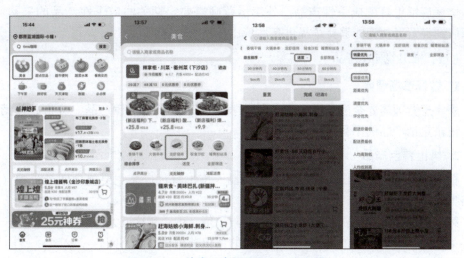

图 8-4-1　外卖平台页面展示（手机端）

2. 电脑端

电脑端找品工具如图 8-4-2 所示。登录外卖平台商家版，选择"购买同行对比服务"选项，单击"经营分析"选项，然后依次选择"市场竞争"→"同行对比"→"同行配置"选项，添加同行，选择 TOP5 同品类商家，在"市场竞争—同行对比"页面，即可看到竞对的热销品。

图 8-4-2　找品工具（电脑端）

（二）选择应季性产品

以烧烤品类为例，每年的 5—8 月是烧烤的旺季，在这个时间段内，生蚝和小龙虾就是烧烤店铺主打的应季性产品。外卖运营师需要定期关注应季性产品的采购成本，提醒店铺经营者找到能够持续提供高性价比产品的供应商。

（三）推出差异化产品

1. 做好市场调研

外卖运营师需要全面掌握市场行情和发展动态，了解热销产品，分析其热销的原因，记录热销产品的原料、规格和口味。

2. 推出特色产品

根据调研结果，推出差异化的特色产品。推出特色产品主要包含四个步骤（以烧烤品类肉串为例）。

第一步：确定肉类。原料可以从牛、羊、猪、鸡、鸭这五大肉类中挑选。

第二步：确定肉类的部位。不同肉类的部位其价格有所不同。

第三步：确定规格。根据预定成本，控制克数。

第四步：确定口味。例如，新奥尔良口味、青花椒口味、灯影风味等。

二、上架

产品的图片、名称、价格和营销活动确定以后，即可在外卖平台上架相关的产品。

三、营销

设计营销活动方案是外卖运营师的必备技能，无论设计什么样的营销活动方案，都必须考虑店铺经营者的利润。产品营销活动常见的形式如下（见图 8-4-3）：

（1）优惠限×份，×份起售。例如，优惠限 1 份，5 份起售。

（2）新客专享折扣价。

（3）买赠活动。

（4）特价×元×串，例如，9.9 元 3 串。

（5）将新品组合成一个套餐并按优惠价售卖。

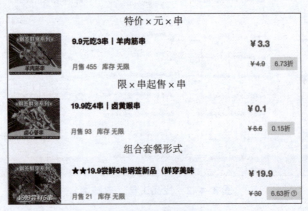

图 8-4-3　产品营销活动

四、装修

（1）店铺 LOGO（见图 8-4-4）：产品名称+产品图+活动（非必须）+标语（非必须）。

图 8-4-4　店铺 LOGO

（2）产品图（见图 8-4-5）：产品名称+活动（非必须）+标语（非必须）。

图 8-4-5　产品图

（3）海报（见图 8-4-6）：产品名称+产品图+活动（非必须）+标语（非必须）。

图 8-4-6　海报

（4）其他推广付费展位的展示（自定义菜品+自定义标题）（见图 8-4-7）。

五、评估

（1）李雨烧烤店的销售情况如表 8-4-1 所示，3 月份的净利润仅为 41 454.75 元，4 月份净利润为 54 815.14 元，净利润明显增长。

（2）3 月份的小龙虾订单占比为 5.72%，4 月份的小龙虾订单占比为 18.04%，小龙虾订单占比提升 12.32%，达到了店铺经营者和外卖运营师双方设定的预期目标。

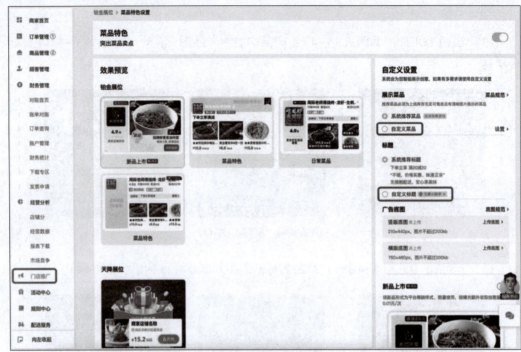

图 8-4-7 其他推广付费展位的展示

表 8-4-1 李雨烧烤店的销售情况

时间	订单/单	交易额/元	客单价/元	小龙虾订单占比/%	净利润/元
3 月	6 752	276 359. 36	40.93	5.72	41 454.75
4 月	6 762	322 412. 16	47.68	18.04	54 815.14

任务实施

一、假设李雨烧烤店位于你此刻所处位置，请为李雨烧烤店寻找 3 款热销产品（牛肉串、羊肉串除外）。

二、请在你所处位置 3 千米范围内，找到 3 家高月售的烧烤店（外卖店铺），写出每家烧烤店月售排名靠前的热销产品的营销活动。

三、请在你所处位置 3 千米范围内，找到 3 家店铺 LOGO、海报和产品图在你看来都颇有吸引力的烧烤店，并写出选择理由。

任务拓展

除了美团、饿了么 App 以外，还有哪些渠道可以寻找热销品？

思考与练习

练习：寻找 3 千米范围内，意面比萨品类的 8 款热销品。

任务 5　闲时经营

任 务 引 入

　　李潇是一家西北小吃店的老板，小吃店以"堂食+外卖"的经营模式经营了 7 年时间。2023 年 7 月初，他发现小吃店 2023 年 6 月的净利润与 2022 年 6 月的净利润相比，减少了 30%。他立刻拨通了外卖运营师的电话，请外卖运营师帮他制定提升净利润的方案。

任 务 要 求

　　◆ 收集店铺经营数据。
　　◆ 收集店铺员工排班表。
　　◆ 通过收集的数据和信息，找出店铺存在的问题。
　　◆ 制定并实施解决方案，评估方案的实际效果。

学 习 目 标

　　★ 能收集、整理店铺运营数据、竞品数据、行业数据等不同类型的数据。
　　★ 能根据获取的产品信息、竞品数据、行业热词等进行分析，挖掘并提炼产品卖点，制定相关产品销售策略。
　　★ 能通过产品数据分析，确定热销产品，制定营销方案。
　　★ 能在工作过程中独立分析和思考各类问题，具备服务意识、经营意识、合作意识和商业敏感性等职业素养，培养系统思维能力和创新思维能力。

相关知识

一、数据收集

（一）制作店铺月盈亏盘点表

　　外卖运营师将需要了解数据的对应关键词放入"店铺月盈亏盘点表"中（见表 8-5-1）。计算公式如下所示：

外卖营业额=美团收入+饿了么收入+其他外卖平台收入

净利润=外卖营业额+堂食营业额-外卖原料成本-堂食原料成本-营销支出-

房租支出-工资支出-水电支出-损耗支出-杂项支出

$$人均日营业额=（外卖营业额+堂食营业额）÷店铺员工人数÷当月天数$$
$$人均日订单量=（外卖订单数+堂食订单数）÷店铺员工人数÷当月天数$$
$$利润率=利润÷收入×100\%$$

表 8-5-1　店铺月盈亏盘点表

类目	数据	类目	数据	类目	数据
外卖订单数/单		菜品毛利率/%		杂项支出/元	
外卖营业收入/元		营销支出/元		净利润/元	
外卖原料成本/元		房租支出/元		利润率/%	
堂食订单数/单		工资支出/元		店铺员工人数	
堂食营业收入/元		水电支出/元		人均日营业额/元	
堂食原料成本/元		损耗支出/元		人均日订单量/单	

（二）收集数据

1. 收集"店铺月盈亏盘点表"中的各类数据

在新开店铺上线运营的头三个月里，外卖运营师会在每月 3 日之前收集上个月的"店铺月盈亏盘点表"中的各类数据。已经经营三个月以上的店铺，当店铺经营者向外卖运营师反馈盈利低于其预期目标时，外卖运营师也需要收集上月的"店铺月盈亏盘点表"中的各类数据。

2. 查询下单时段

查询顾客下单时段分布，了解每日不同时间段的订单量（见图 8-5-1）。

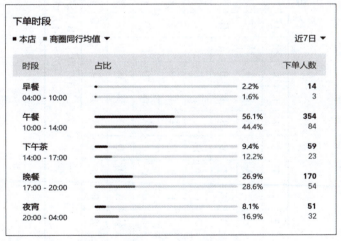

图 8-5-1　下单时段（2023 年 6 月）

3. 收集店铺员工排班表

了解店铺排班情况，整理成店铺员工排班表（见表 8-5-2）。

表 8-5-2　店铺员工排班表

姓名	岗位	1	2	3	4	5	6	7	8	9	10	11	12	13	14	15	16	17	18	19	20	21	22	23	24	25	26	27	28	29	30	31
××	收银	A	A	休	休	A	A	A	A	A	休	休	A	A	A	A	A	休	休	A	A	A	A	A	休	休	A	A	A	A	A	A	休
××	打包	B	B	A	休	休	B	B	B	B	A	休	休	D	D	D	B	B	休	休	D	D	B	B	B	B	休	休	B	B	B	B	B
××	打包	D	D	D	C	休	休	C	C	C	C	C	休	休	C	D	C	C	C	C	休	休	C	C	C	D	休	休	C	C	D	D	C
××	煮制	B	B	B	D	B	休	休	休	B	B	B	D	休	B	B	D	休	B	D	休	C	B	B	B	B	D	休	B	B	B	B	B
××	煮制	C	C	C	D	C	C	休	休	D	D	D	C	C	休	C	休	D	D	休	C	休	D	休	C	C	C	C	C	D	C	C	休
××	机动	B	C	C	A	D	D	D	C	休	B	A	C	B	B	休	休	A	A	B	B	B	休	休	休	A	B	D	休	D	B	A
××	机动	休	休	B	B	B	B	B	D	C	休	休	B	B	休	休	D	D	D	D	C	B	B	D	D	B	B	A	D	休	休	D

A：8:30—17:30　　B:10:30—19:30　　C:11:30—20:30　　D:12:30—21:30

10:00—10:30 和 14:00—14:30 为休息或者吃饭时间

二、原因分析

（一）填写店铺月盈亏盘点表

外卖运营师在每月 3 日之前将上个月的"店铺月盈亏盘点表"填写完整。表 8-5-3 为李潇小吃店 2023 年 6 月的"店铺月盈亏盘点表"。

表 8-5-3　店铺月盈亏盘点表（2023 年 6 月）

类目	数据	类目	数据	类目	数据
外卖订单数/单	12 960	菜品毛利率/%	45.90	杂项支出/元	5 000
外卖营业收入/元	196 722.34	营销支出/元	6 694	净利润/元	41 835.34
外卖原料成本/元	118 033	房租支出/元	14 600	利润率/%	17.06
堂食订单数/单	2 257	工资支出/元	35 000	店铺员工人数	7
堂食营业收入/元	48 486	水电支出/元	6 500	人均日营业额/元	1 167.66
堂食原料成本/元	14 546	损耗支出/元	3 000	人均日订单量/单	72

（二）对比分析

根据"店铺月盈亏盘点表""下单时段"和"店铺员工排班表"中的数据显示，李潇小吃店的主要问题如下。

（1）2023 年 6 月，店铺净利润为 41 835.34 元，利润率仅为 17.06%，低于行业平均水平。

（2）人均日订单量为 72 单，人均日营业额为 1 167.66 元，低于同类型店铺平均水平。

（3）下单时段分布比较集中，主要集中在午高峰。下午茶、晚餐和夜宵时段订单较少。

（4）店铺排班不够科学，各时段员工配置不合理。下午茶时段订单数量较少，该时段员工配置多于实际需求，一半的员工处于闲置状态。

三、制定方案

（1）与店铺经营者充分沟通，告知诊断结果。

（2）设定共同目标：一个月内把该店铺的净利润提升至 60 000 元以上。

（3）做好闲时经营，新增下午茶时段的主打单品和套餐，例如，卤味、炸货、豆浆等。

（4）开启分时置顶功能，每日 14:00—17:00 系统会自动将外卖运营师预先设置的下午茶时段主打单品和套餐置顶。配上相应的营销活动，以求提升该时段的订单量。

（5）将 2 名工作量不饱和的全职员工调整为兼职员工，提升费效比。

（6）与店铺经营者沟通，告知解决方案和预计收益，赢得店铺经营者的认可。

（7）确定方案，合理分工。

四、实施方案

（1）关注变化。方案实施以后，店铺的下单时段数据、员工状态、出餐效率都会发生相应的变化，外卖运营师必须重点关注。

（2）定期沟通。外卖运营师与店铺经营者保持每周沟通，确认员工状态是否良好，出餐效率是否达到预期。

（3）及时调整。根据店铺实际情况，适时优化方案，确保目标达成。

五、效果评估

（一）填写店铺月盈亏盘点表

外卖运营师在每月 3 日之前将上个月的"店铺月盈亏盘点表"填写完整。表 8-5-4 为李潇小吃店 2023 年 7 月的"店铺月盈亏盘点表"。

表 8-5-4　店铺月盈亏盘点表（2023 年 7 月）

类目	数据	类目	数据	类目	数据
外卖订单数/单	14 213	菜品毛利率/%	47.01	杂项支出/元	5 000
外卖营业收入/元	211 200.54	营销支出/元	8 000	净利润/元	62 489.54
外卖原料成本/元	126 720	房租支出/元	14 600	利润率/%	22.67
堂食订单数/单	3 000	工资支出/元	30 000	店铺员工人数	5 人（全职）2 人（兼职）
堂食营业收入/元	64 441	水电支出/元	6 500	人均日营业额/元	1 482
堂食原料成本/元	19 332	损耗支出/元	3 000	人均日订单量/单	93

（二）判断预期目标是否达成

（1）当月盈利 62 489.54 元，高于 60 000 元，表明解决方案的实施，达到了店铺经营者和外卖运营师双方设定的预期目标。

（2）人均日订单量为 93 单，人均日营业额为 1 482 元，高于同类型店铺平均水平。

（3）下单时段（2023 年 7 月）如图 8-5-2 所示，下午茶时段订单占比从 9.4%提升至 16.6%，提升幅度特别明显。

（4）2 名兼职员工的工资等于 1 名全职员工的工资，从而节约了 5 000 元的工资支出。

时段	占比		下单人数
早餐 04:00 - 10:00		1.0% 4.1%	7 6
午餐 10:00 - 14:00		46.0% 43.9%	332 65
下午茶 14:00 - 17:00		16.6% 13.5%	120 20
晚餐 17:00 - 20:00		34.3% 29.1%	248 43
夜宵 20:00 - 04:00		4.8% 14.2%	35 21

下单时段

■ 本店　■ 商圈同行均值 ▼　　　　　　近7日 ▼

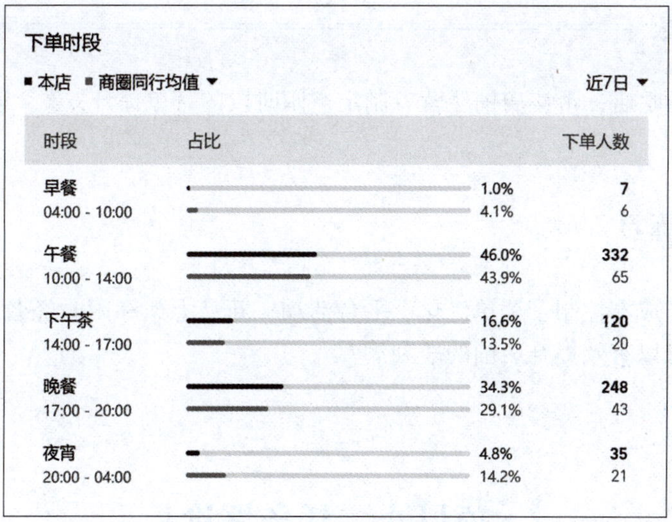

图 8-5-2　下单时段（2023 年 7 月）

任务实施

一、请在你所处位置的 3 千米范围内，找到 3 家高月售的店铺（不限品类），收集这 3 家店铺的员工排班表。

二、李潇小吃店现在热销的产品为凉皮、肉夹馍、酸辣粉和油泼面这四个系列，为了继续提升该店下午茶时段（14:00—17:00）的订单量，你作为该店的外卖运营师，请写出你计划推出的新品。

三、请为你计划推出的新品，制定对应的营销方案。

任务拓展

寻找一家小吃店，帮该店铺经营者制定空闲时段的订单提升方案。

思考与练习

练习：除了成本控制、菜单优化、平台活动、新品上架和闲时经营这五种方法外，还有哪些方法可以有效提升店铺的净利润？

项目八　任务评价

完成本项目任务的学习后，请对任务过程和结果的质量进行评价及总结，填写下列任务评价表。自我评价由学习者本人填写，小组评价由组长填写，教师评价由任课教师填写。

任务评价表

项目	评价内容	组别			
		评价标准			
		所占分值	自我评价（30%）	小组评价（20%）	教师评价（50%）
准备阶段	精心准备，积极主动	5			
过程管理	1. 遵守纪律，团队合作	5			
	2. 遵循 PDCA 循环	10			
任务实施	1. 掌握数据收集的方法	10			
	2. 熟悉常用的计算公式	10			
	3. 掌握分析问题的方法	10			
	4. 针对问题，制定方案	10			
	5. 掌握沟通的技巧，与店铺经营者达成共识	10			
	6. 根据店铺的实际情况，适时优化方案	10			
实施成效	1. 按时完成任务	10			
	2. 店铺经营者满意度高	10			
小组评语及建议			指导教师： 　年　　月　　日		

参考文献

［1］陈明，刘芳. 饿了么与美团外卖的市场竞争策略比较研究——基于用户粘性视角 ［J］. 现代商贸工业，2021，42（15）：67-69.

［2］张小舟. 美团网发展战略研究 ［D］. 山东大学，2020.

［3］徐国虎，孙凌，许芳. 基于大数据的线上线下电商用户数据挖掘研究 ［J］. 中南 民族大学学报：自然科学版，2020（02）：100-105.

［4］常缨征. 对移动打车软件价格战的经济学考虑 ［J］. 价格理论与实践，2020（4）： 116-118.

［5］裴杰. 移动互联网的O2O形式研究 ［J］. 信息与电脑：理论版，2021（23）.

［6］吴瑾. 移动互联网浪潮下O2O形式发展浅析 ［J］. 市场周刊：理论研究，2020 （5）：58-59.

［7］徐馥. 浅析O2O形式下餐饮外卖的第三方配送形式 ［J］. 中国电子商务，2020 （16）：15-15.

［8］颜贤斌. 浅谈中国餐饮外卖O2O形式的现在状况与发展 ［J］. 商场当代化，2021 （22）：45-46.

［9］付婷. 基于外卖行业的O2O电商新形式的现在状况分析 ［J］. 通讯世界，2021 （14）：244-245.

［10］夏吟，阴健. 外卖O2O平台发展现在状况与对策研究 ［J］. 信息与电脑：理论版， 2021（14）：107-109.